*Future*

*Future*

# 一本讀懂熊彼得

## 賈伯斯、馬斯克、松下幸之助皆追隨奉行的創新之父

資本主義の
先を予言した史上最高の経済学者
シュンペーター

名和高司 Nawa Takashi——著 許郁文——譯

## 目錄

chapter

# 2 熊彼得是什麼樣的存在？

第二部

# 創新到底是什麼？

chapter

## 3 熊彼得思想的本質

chapter 4
## 創新的關鍵為「新組合」

chapter 5

## 成為企業家吧！

chapter 6

## 信用的重要性

chapter

# 7 判斷時代的波動

# 第三部 資本主義的結局

## chapter 8 在資本主義之後

chapter ∞

# 如果熊彼得出現在現代

前言

# 引領我們跨越現狀、開拓未來的創新之父

全世界都有熊彼得（Joseph Alois Schumpeter）的信徒，而這些信徒也被稱為「Schumpeterian」。其實許多名揚四海的經營者也擁有不少信徒，但是熊彼得的理論似乎別具一股令我們雀躍與興奮的魔力。

為什麼他的理論如此吸引人？

這是因為，熊彼得的理論總是有能力向前看，總是能打破停滯不前的現狀。

一如「優秀的理論適用於任何情況」，這句話無疑是熊彼得理論的最佳寫照。

「創新」是每個人都耳熟能詳的詞彙，上從企業高層、下至商品企畫人員、

技術人員與業務員，任何部門的人都將「創新」掛在嘴邊。雖然「公司」一詞出現已經過了四個世紀，但直至今日，「創新」仍是每個人討論的話題。

熊彼得被譽為「創新之父」。

**因為在距今約一百一十年之前，二十九歲的熊彼得首次向世界介紹了「創新」這個概念。**

熊彼得同時催生了「創造性破壞」（Creative Destruction）與「企業家」（Entrepreneur）這兩個詞彙。

關於熊彼得的理論，有很多內容是今日工作中的每個人都該知道的。

例如，熊彼得曾說「創意都只是垃圾」，相反地，他認為「組合現有的東西」才重要，因為這樣才能創造出格局完全不同的成果。

此外，他也強調讓上述成果普及於全世界有多麼重要。從熊彼得的角度來看，源自英國，並在轉瞬之間改變全世界的工業革命，是「新組合」的催化劑。所謂的「新組合」雖然只是現有東西的組合，但這種組合卻蘊藏了掀起革命的能量，能讓社會為之驟變。熊彼得這套透過組合催生新事物的理論，特別適用於數位時代。

熊彼得也曾說「與其發明新商品，開拓全新的應用情景才能掀起滔天巨浪」。這意味著，製造東西本身毫無意義可言。

史蒂夫．賈伯斯（Steve Jobs）的厲害之處，不在於製造了 iPhone，而是完美地實踐了「擴大規模」這項熊彼得的重要理論。我們絕對不能忘記要成功創新，就必須讓創新普及這點。

現今正是考驗創新能力的時代。

雖然氣候變遷與生物多元性的危機已刻不容緩，但我們仍不知道該怎麼面對這些危機，就連經濟也像是一灘死水，停滯不前。如今只能看到規避風險、維持現況的做法，卻看不到追求「經濟成長曲線向上」的傾向。

**要突破如此僵局，就需要異次元的創造力，也就是「創新能力」**。淪為口號的ESG或是只有善意的SDGs，是無法收拾殘局與拯救地球的。賺不了錢，社會就無法正常運作，優質的公司也不會誕生。

在談論到熊彼得時，還有一件絕對不能不提的事，那就是，**熊彼得預言了資本主義的結局**。

如今全世界都在說「資本主義已行至末路」。

日本當然也無法置身事外。如今的日本既無法從「失落的三十年」這條死胡同逃出，又曾被「新冠肺炎」這支追兵窮追猛打，而且還被戲稱為社會問題先驅國家，被迫面對高齡化、孤獨、孤立這類社會問題。

我們正站在必須採取行動面對各種狀況的岔路。這不禁讓人覺得，現在正是需要跨越個人、企業、產業、政府這類既有的框架，掀起創新的時代。

全世界正在摸索「重新建構資本主義」的道路，日本也正在推行「新資本主義」。在年輕族群之間，馬克思（Karl Marx）的思想再次受到青睞，但也正是因為如此，我們才必須了解資本主義的力量源自何處，以及找出這股力量的極限。

其實剛剛就已經提過，熊彼得預言資本主義總有一天得面臨衰退，而他也為我們指引了方向，提出了解決之道。

熊彼得曾說「以追求利潤為優先的資本主義，不可能是永動機」，但也曾經表示社會主義與共產主義沒有未來。

熊彼得窮盡一生在思考他年輕時代所察覺的資本主義本質，也誠摯地提問一個跨越資本主義框架的新社會、新經濟該是什麼模樣。

**我們如今正面臨阻擋在資本主義之前的高牆。為了跨越這堵高牆，我們何不重新思考熊彼得的論點呢？**

不過，讀過熊彼得著作的讀者應該少之又少。老實說，他的著作十分艱澀，又很厚重，要想讀完需要異於常人的毅力。

但在此要請各位讀者放心，本書將以淺白的方式說明熊彼得的思想，帶領各位進入熊彼得的世界。

本書介紹的是熊彼得三本主要著作的內容。

只要能了解書中內容，就一定能了解創新是何物，也能掌握熊彼得的核心思想。讓我們一起思考，當下的我們能夠學到什麼吧。我們將援引伊隆·馬斯克（Elon Musk）、松下幸之助這類偉大的現代經營者的實例，了解這些實例對應了熊彼得的哪些理論，這樣的過程想必相當有趣。

本書主要由三大部分組成。

第一部先說明熊彼得究竟是何方神聖，以及概述他的思想。

為什麼今日要再次討論熊彼得呢？

熊彼得是位什麼樣的思想家？

熊彼得究竟想透過三本主要著作對我們說些什麼呢？

這部分將回答這些問題。

第二部則將直擊本書主題「創新的本質」。

創造性破壞從何而來？

負責推動創造性破壞的企業家與資本家又該扮演何種角色？

為什麼我們會隨著景氣的波動起伏呢？

**熊彼得替這些問題提供了明確的答案**。在難以創新、資本主義無法正常運作的現代，我們應該能從熊彼得的解答中獲得許多靈感。

第三部是將眼光望向後資本主義時代的世界，這也是晚年的熊彼得所預言的世界。

熊彼得曾預言，資本主義的成功正是其崩壞的原因，但這絕對不表示烏托邦式的去成長主義（Degrowth）或追求社會整體福利的幸福主義，就是正確的道路。

現在的我們需要資本主義的創新，但這個創新並不是共產主義或社會主義。**熊彼得曾說：「我們必須秉持自身的『志向』（Purpose），不左不右，走出屬於我們的『第三條路』。」**

我總是將這種理論稱為「志本主義」（Purpose-Driven Management）。我彷彿能看到熊彼得正在樹蔭之下，露出他那略帶嘲諷卻又不失親切的笑容。

本書是為了想要開拓未來的次世代人才所寫。

當然，本書並非只針對MZ世代[1]，因為這種年齡限制反而與DEIB（多元性〔Diversity〕、公平性〔Equity〕、包容性〔Inclusion〕、歸屬感〔Belonging〕）這種次世代多元共融的價值觀背道而馳。

「青春不是年華，而是心境。」傳奇詩人塞繆爾．烏爾曼（Samuel Ullman）曾如此謳歌青春。只有心境年輕的人，才有創新可言。這也是熊彼得在哈佛大學給學生的啟示。

但願本書的讀者都能受到本書的啟發，踏出冒險的第一步，展開名為創新的旅程。

二〇二二年五月於春芽初冒的京都東山

名和高司

1　「MZ世代」是指於一九八一年至二〇一〇年之間出生的人。也就是出生於一九八一年到一九九六年的千禧世代（Millennials），以及出生於一九九七年至二〇一〇年的Z世代（Generation Z）的統稱，這個世代的人們是在數位技術快速發展的環境中成長。

第一部

# 熊彼得究竟是何方神聖？

chapter

# 1 了解熊彼得的思想

## 正是時候實踐熊彼得思想

本章首先要介紹熊彼得的思想本質，主要包含創新、創造性破壞、新組合、企業家、景氣循環、康德拉季耶夫周期（Kondratieff Wave）、社會民主主義這些概念。也許有人聽過這些名詞、有人沒聽過，為了方便各位讀者理解，在此會先講解輪廓，之後於第二部進一步講解內容。

各位讀者需要先知道的是，今時今日正是必須實踐熊彼得教誨的時刻。

曾有人計算，如果要讓地球七十七億的人口過著與美國人一樣的生活，大概需要五個地球的資源；環保專家也疾聲呼籲，再不正視地球暖化或是水資源枯竭的問題，五十年後，人類將從地球銷聲匿跡。

**約瑟夫・阿洛伊斯・熊彼得**

**（1883～1950）**

經濟學家。於奧匈帝國（日後的捷克）的摩拉維亞省（Moravia）出生，提出了「創新」的概念，也是本書的主角。

足以代表現代的企業家伊隆・馬斯克，正積極地推動人類移居火星的計畫，這意味著，我們如今需要的是，讓地球或是宇宙得以永續的創新。

新冠疫情（Covid-19）或是透過烏俄戰爭體現的國家、民族之間的對立，也強化了對創新的需求。

不過，在過去難以想像的數位之力，讓我們得以擁有宛如異次元般的創新潛力。如今我們需要的**不是透過數位科技延續利己的資本主義，而是透過數位科技兼顧社會價值與經濟價值的智慧**，而且，我們已經沒剩多少時間。

我們不能再沉浸於「資本主義終將結束」或是「平成失敗」這種世紀末的思想之中。為了開拓資本主義的未來，我們必須立刻實踐熊彼得口中的創新。以林修這位日本補習班老師的口吻來說：「就是現在吧！」[2]而需要承擔這個使命的，正是屬於未來世代的各位讀者。

2 林修是日本補習班教師，於東進衛星預備校教授現代語言。二〇一三年，因為在該校廣告中的一句「何時開始做？就是現在吧！」而爆紅，因而獲得大量在媒體曝光的機會，之後踏入演藝圈。其金句「就是現在吧！」成為二〇一三年新語、流行語大賞的四句得獎句子之一。

## 我們必須試著改造資本主義

如今的資本主義正陷入死胡同之中。**追求利潤，為了未來的成長而繼續投資——這個資本主義的本質而今被一堵高牆擋住去路**。

在資本主義碰壁之際，「永續性」（Sustainability）成為了時代的關鍵字。如果我們再繼續催緊油門，追逐成長，地球將無以為繼。對生活在當下的我們而言，永續發展早已是無可回避的問題。

一般認為，進入二〇五〇年代之後，全世界的人口將來到一百億大關。資本主義的神話也會從根本開始動搖。

「成長的極限」的警鐘於距今剛好半個世紀前的一九七二年敲響。羅馬俱樂部（The Club of Rome）透過系統動力學（System Dynamics）這種手法試算今後的成長，得到「人口增加與環境汙染的速度若是維持現狀，一百年之內，地球上的成長將達到極限」的結論。

儘管如此，人類還是繼續追求成長的極限。也許我們沒有真正感受到一百年後資本主義將會面臨的挑戰。

於一九五〇年過世的熊彼得曾說，「就算是一個世紀的時間，也短得無法實踐社會的創新。」熊彼得不斷強調社會與經濟都必須思考一百年後的變化，如果他活在現代，看到人們如此輕忽成長的極限，肯定會感到萬分遺憾。

但是，今日已經有人提出了「百歲人生」的理論，而且距離羅馬俱樂部預言的二〇七二年，已經不到五十年了，成長的極限已不再是遙不可及的未來，而是擋在我們面前的問題。

## SDGs的問題是無法獲利

俄羅斯經濟學家康德拉季耶夫（Nikolai D. Kondratieff）曾提出：「以五十年為周期，世界會迎來一波劇烈的變動。」讓這個「康德拉季耶夫周期」於全世界

**羅馬俱樂部**

由科學家、經濟學家、教育學家、經營者組成的瑞士民間團體，成立於義大利羅馬。這個非政府組織的研究團隊在發現地球因為產業發展而生病之後，開始懷疑人類是否能夠延續至孫字輩的時代，進而分析錯綜複雜的「地球問題症候群」。

普及的也是熊彼得。關於康德拉季耶夫周期將於第七章進一步介紹。

在歷經五十年的歲月之後，「成長的極限」再次浮上檯面，全世界也改弦易轍，轉往「永續發展目標」（Sustainable Development Goals）這個方向發展。沒錯，這個永續發展目標就是如今眾所皆知的SDGs。

SDGs是二〇一五年聯合國高峰會通過的目標，在這十七個以「消除一切形式的貧困」為主旨的目標之中，每一個都是非常完美的理想，並且充滿了「照顧每一個人」的博愛精神，而預定達成的時間表是二〇三〇年，換句話說，已經剩不到十年。

但這些目標真的能實現嗎？

真的能與資本主義背道而馳，撲滅一切的貧困與飢餓嗎？

SDGs不僅強調這些最基本的生存權，還提出讓生活、社會與產業結構從根本轉型的目標。比方說，讓能源從煤炭、石油這類化石燃料轉換成綠能就是其中之一。其他像是從消費型經濟（用完即丟）轉型為循環型經濟，或是打造能永續居住的社區。

到底該怎麼做，才能在這十年內達成如此遠大的目標呢？

ＳＤＧｓ列舉的社會問題都是本質性的問題。若真能解決，除了能創造又深又廣的社會價值，還能帶動次世代的商機，所以許多企業也積極投入ＳＤＧｓ的相關事宜。

不過，各位有發現嗎？這其中有個巨大的陷阱存在。

這世界上有許多人正被社會問題所折磨，這就表示，需求早已浮上檯面，但遲遲未有一針見效的解方。換言之，「供給方」尚未出現。這到底是怎麼回事呢？

**其實答案再明白不過——因為這賺不了錢。**

若以正常的方式處理社會問題，就一定需要投資與成本，這與資本主義追求利潤的原理或原則相去甚遠。

那麼，若不以追求利潤為目標，而以非營利事業或公共事業為出發點，是否就可行了呢？可惜的是，只要資金或是稅金見底，這種做法就會遊戲結束。也就是說，無法持續解決社會問題。

# 康德拉季耶夫周期

康德拉季耶夫發現了「周期」，
景氣每五十年會起伏一次。

尼古拉・D・康德拉季耶夫

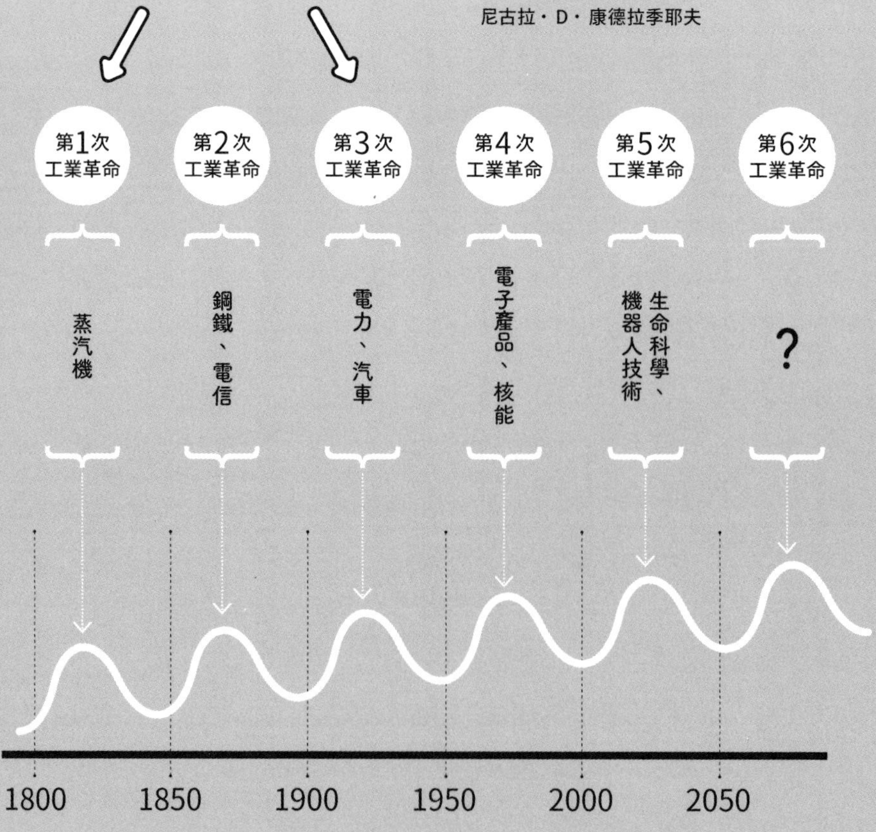

## 了解資本主義的本質

為了追求永續發展，企業就必須不斷地產生利潤，再將利潤拿去投資，創造所謂的動態循環，而這本該是資本主義的本質。沒錯，危害地球與社會的也是資本主義，但是當資本主義運作得當，就能確保所謂的永續性。

資本主義除了能提供永續發展的解答，還擁有許多美好的屬性，就像是一根點石成金的「魔法棒」。

這根「魔法棒」的本質到底是什麼呢？

熊彼得一語道破了資本主義的本質就是「創新之力」。所謂的**創新是指人類透過理性與智慧，讓產值與創意大幅提升的努力**，如此一來，既可以創造無與倫比的價值，又能超乎常理地降低成本。話說回來，這世上真有如此理想的事情嗎？

熊彼得認為創新需要五個切入點。

分別是商品、流程、市場、供應鏈與組織。針對這五個切入點引入前所未有的非連續性創意，就能推動創新。

Innovation 一詞在日本常被譯為「技術革新」，可惜只對了「革新」的部分，但不需要執著於「技術」。

## 投入創新之力，就能突破極限

是否有可能讓無利可圖的SDGs獲利？

在過去，這被視為難如登天的任務，所以一時之間乏人問津。要解決這個問題，就必須釜底抽薪，徹底改造過去的做法或制度。熊彼得將這個過程稱為「創造性破壞」。要想推動「創造性破壞」需要異於常人的智慧與勇氣，才能擺脫舊時代的常識。

資本主義之所以會行至末路，全因這股創新之力被用來謀求私利與個人的欲望。如果能讓創新之力轉往社會課題，創造利他的價值，或許就能突破成長的極限。

不過，要達成這個目標極為困難，只說漂亮話是解決不了問題的。要創造永續的未來，必須先讓創新之力復活，這也是熊彼得的創新理論在今時今日重獲青睞的最大原因。

讓世人重新認識熊彼得的是管理大師彼得·杜拉克（Peter F. Drucker）。

比熊彼得晚二十六年在奧地利誕生的彼得・杜拉克，受到熊彼得的創新理論啟發後，陸續推出走在時代尖端的管理理論。這部分的來龍去脈將於下一章介紹。

杜拉克提倡的「社會創新」（Social Innovation），就是透過**創新之力解決社會議題的思想**。

在杜拉克繼承之後，熊彼得的思想總算在一百年後的現在，準備開花結果。

## 熊彼得的理論最適用於「數位時代」

熊彼得曾說任何創新都有共通的方法論，並將這個方法論命名為「新組合」（Neue Kombination）。

**簡單來說，新組合就是「透過前所未有的元素組合創造新價值」**。熊彼得一語道破這就是創新的本質。

相關的細節會於第四章介紹，但這個「新組合」正是在數位時代強力帶動創新的新希望。

## 創新源自「新組合」

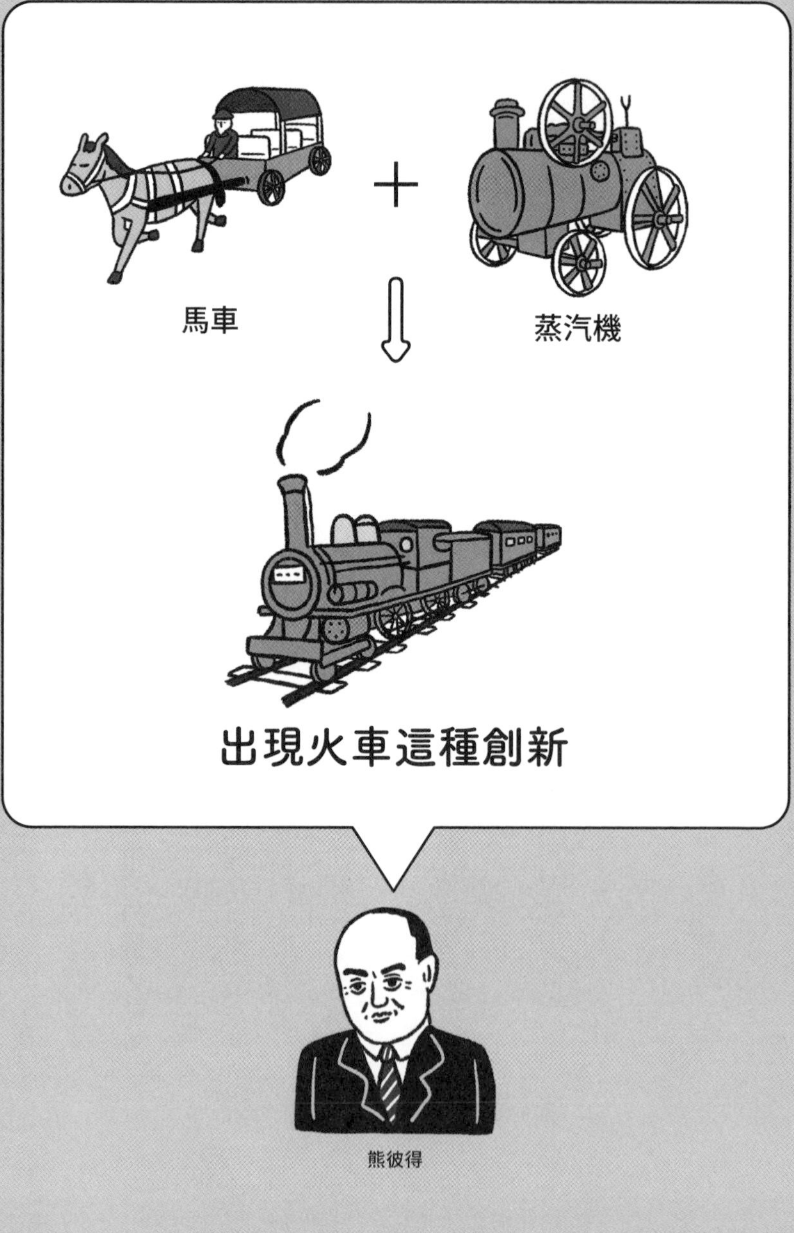

「為什麼？」各位讀者是否想這麼問？

數位的本質就是將所有資訊轉換成0與1的位元，才能讓那些未曾彼此結合的事物結合。

比方說，虛擬與現實的結合、金融（Fin）、農業（Agri）、食品（Food）、醫療（Health）、零售（Retail）與科技的結合（各種○○tech的單字），這種結合為各行各業帶來了「創造性破壞」。總有一天，所有產業都會因為與數位技術進行「新組合」而創新。

此外，不同業種之間也開始透過數位科技結合。

比方說，由保險與醫療組成的「Insurhealth」、農業與食品組成的「Agrifood」都是其中一例。至於「智慧城市」，則是讓食衣住行、社會基礎建設與各種產業結合，創造累加效果的計畫。

如今「開放式創新」也受到各界青睞。所謂的「開放式創新」是指，為了讓組織得以創新，接納外界或是創意的過程，這當然也是所謂的「新組合」。

**在進入數位時代之後，隨處都是熊彼得於一百年前提倡的新組合的機會。**

若能善加應用數位科技的力量，應該能讓產值與創意提升至另一個境界。在

DX（Digital Transformation，數位轉型）成為時代關鍵字的現在，熊彼得的「新組合」可讓不斷催生創新的那股力量完全釋放。

## 企業家是掀起創新浪潮的人

那麼，到底該由誰來帶動創新呢？

年輕時期的熊彼得為了回答這個問題，創造了「企業家」這個名詞。若從帶動創新的角度來看，企業家就是所謂的創新者。

Entrepreneur 一詞在日本常被譯為「企業家」、「企業經營者」、「創辦人」，這個單字逐漸在日本扎根，所以本書也打算沿用這個譯文。

一言以蔽之，企業家就是透過創新建立偉大事業的人才。

什麼樣的人可以成為企業家呢？

**熊彼得認為，企業家的特徵就是「富有行動力」的人**。新組合的機會可說是俯拾皆是，但如果只懂得做白日夢，就無法帶動任何創新，因為要採取「行動」，需要的是向未來邁開大步的志向（Purpose）與熱情（Passion）。

若提到二十世紀前半這個熊彼得時代的典型企業家，當然非汽車大王亨利・福特（Henry Ford）、鋼鐵大王安德魯・卡內基（Andrew Carnegie）莫屬。若要說日本企業家的話，則首推三菱集團創辦人岩崎彌太郎。

即使是在熊彼得離世之後的二十世紀後半，也有不少傑出的企業家出現。比方說，全世界最大零售業沃爾瑪（Wal-Mart）創辦人山姆・沃爾頓（Sam Walton）、維珍航空（Virgin）創辦人理查・布蘭森（Richard Branson）都是其中之一。至於日本，則會優先想到本田技研工業（HONDA）的本田宗一郎或是索尼（SONY）的井深大。

那麼現代又有哪些具有代表性的企業家呢？

蘋果公司的史蒂夫・賈伯斯、亞馬遜的傑夫・貝佐斯（Jeff Bezos）以及其他GAFA[3]的創辦人，或是伊隆・馬斯克肯定榜上有名。日本電產（現更名為尼得科〔Nidec〕，本書仍以日本電產稱呼）的永守重信、迅銷（Fast Retailing）的柳井正、

3 GAFA指稱霸全球的四大科技巨頭谷歌（Google）、亞馬遜（Amazon）、臉書（Facebook）、蘋果（Apple），這些公司對全球社會帶來巨大的變化。

軟體銀行（SoftBank）的孫正義雖然常被戲稱為「愛吹牛三兄弟」，卻也是足以代表日本的企業家。

## 從零到一的創新沒有意義

上述這些企業家如今都是知名龍頭企業的門面，或許會讓人覺得有點引喻失當，不過剛剛也提過，企業家就是憑藉著志向與熱情開創事業的人。請各位讀者回想一下，不管是哪位世界級的企業家，最初都只是新創企業的創辦人而已，在他們一步一腳印的帶領之下，這間企業才得以開創新產業，甚至成為一方霸主。

熊彼得將只是從零到一的新創企業稱為泡沫企業，也完全不把這類企業當一回事，因為**這些企業不具備創造性破壞的能力，無法改善全世界**。能否讓企業從零擴張到一百，端看企業家的實力。

**孫正義**
**（1957～）**

SoftBank（軟體銀行）創辦人、SoftBank 集團創辦人兼任社長。

為了突破成長的極限，絕對需要創新。這個時代真正需要的是帶動創新的人，也就是真正的企業家。

## 景氣不佳是絕佳機會

明治維新之後的日本乘著近代化的浪潮，締造了令人為之驚豔的成長，戰後的日本也再次實現了高度成長的目標，贏得「東洋奇蹟」的美譽。

接連創造奇蹟的是足以代表明治、大正與昭和時代的企業家。

哈佛大學社會學家傅高義（Ezra Feivel Vogel）於一九七九年出版了《日本第一》（*Japan asNumber One: Lessons for America*）一書，這大概是日本的巔峰了吧？

日本在那十年之後，進入了平成時期，也因泡沫經濟而開始走下坡。這股趨勢延續了四分之一個世紀，這段期間也被稱為「失落的三十年」。

熊彼得曾提出「景氣循環論」。

意思是，資本主義的景氣會因為創新，以五十年為周期不斷起伏。**這就是眾所周知的「康德拉季耶夫周期」**。

如今的日本煞有其事地高舉「平成失敗」這種說法，這應該是因為失落的三十年恰恰與平成時代重疊。不過，在這失落的三十年之中，也有不少企業締造了空前的成長佳績，例如前述的「愛吹牛三兄弟」就是其中幾例。對這些企業家來說，景氣下滑正是進軍下個世代，創造另一波成長高峰的絕佳機會。

## 經濟大蕭條也是健康的循環

連一九二九年讓全世界陷入恐慌的經濟大蕭條，熊彼得都認為是對經濟的「適當濕度」。從循環論來看，經濟大蕭條不過是帶來創新的健全波動。

雖然日本被這波世界級的蕭條大浪打個正著，全日本陷入所謂的「昭和恐慌」，但事後還是順利振作，而且還如康德拉季耶夫周期所預測的，於五十年之後的一九七九年，再度站上世界巔峰。

根據康德拉季耶夫周期的理論，下一波巔峰有可能會在十年內來到。假設這個論點屬實，那麼對現在的日本來說，正是迎向下一波成長的絕佳機會不是嗎？

## 開啟創新之門的關鍵，是內心的志向

「次世代的創新機會到底在哪裡呢？」這是學生常常問我的問題。

我在一橋大學商學院擔任老師十年，傳授後述的CSV（Creating Shared Value，創造共享價值）與企業改革這兩門課程。自二〇二二年四月開始，也於京都先端科學大學新設的MBA課程指導創新與企業家精神這類課程。

來上課的學生多半都是三十幾歲，也就是所謂的千禧世代，也包括了一些Z世代的學生，而一橋的學生有七成是外國人，其中九成是來自中國與亞洲各國的留學生。在這兩所學校中，大部分的學生都是企業的領頭羊或是打算自行創業的人，換言之，他們未來都有可能成為企業家。

MZ世代的年輕人總是雙眼炯炯有神地尋找創新的機會。他們雖然不是瑞典環保少女格蕾塔·童貝里（Greta Thunberg）[4]，卻對SDGs這類世界共通的社會

4 童貝里是一名瑞典氣候行動家，十五歲時曾為警惕全球有關全球暖化及氣候變遷等問題，而在瑞典議會外發動「氣候大罷課」，並在二〇一八年聯合國氣候變化大會上發言。她被提名為二〇一九年諾貝爾和平獎候選人，並獲選為二〇一九年時代年度風雲人物，成為該評選活動舉辦九十二年來獲此殊榮年紀最輕者。

問題表達高度興趣。我從他們身上感受到一股想親手打造永續未來的堅強意志。不過，社會問題的範圍實在太過廣泛，讓他們不知道該從何處切入。

因此我便告訴他們：「從社會問題出發就搞錯方向了。」而學生立刻露出一臉茫然的表情。

我接著問他們：「你的志向是什麼呢？」

**其實這是日本幕末知名思想家吉田松陰，於松下村塾詢問在日後推動明治維新的年輕人的一句話。**

熊彼得不斷強調「別被外部環境限制」，他也提到「只有發自內心的想法才能成為創新的起點」。企業家必須從「懂得觀察的人」轉型為「採取行動的人」，而幫助轉型的動力正是自身的志向與熱情。

於是我請他們回想比利時詩人梅特林克（Maurice Maeterlinck）創作的劇本《青鳥》（*L'Oiseau Bleu*）。書中的兩位主人翁吉爾與梅蒂在夢中展開冒險，追尋象徵幸福的青鳥，但是等到夢醒才發現，原來苦苦追尋的青鳥已在家裡的鳥籠之中。

**其實珍貴的創新機會充斥於生活周遭**。能察覺這點並且採取行動的人，總有一天將用力展開名為創新的雙翼，成為改變世界的企業家。

ＭＺ世代是永續原生代，也是數位原生代，**若能懷著志向與熱情，透過數位科技帶來的力量與智慧創造令人雀躍的未來，就能打開下個世代持續成長的大門**。

對永續原生代與數位原生代的人們而言，熊彼得的教誨無疑是知識寶庫。

## 為什麼馬克思如此受歡迎？

對於資本主義的質疑慢慢地在ＭＺ世代擴散開來。

美國民意調查機構蓋洛普（Gallup）曾於二〇一八年提出一份調查報告，其中指出，在十八到二十九歲的年輕人之中，「喜歡社會主義」的比例上升至五一％。在二〇一六年的美國總統大選之中，左派分子的伯尼・桑德斯（Bernie Sanders）也廣受年輕人支持，掀起所謂的「桑德斯現象」。

除了美國之外，曾因是否脫歐而舉棋不定的英國也有過相似的現象。在二〇一七年的大選之中，由傑瑞米・柯賓（Jeremy Corbyn）率領的工黨出乎意料地大幅成長。不管是桑德斯還是柯賓，在當時都已是七十幾歲高齡，**卻還得到跨越兩個世**

**英國脫歐**

「Brexit」的中譯是英國脫歐，而這個單字是由英國（Britain）與脫離（Exit）所組成。英國國內的輿論之所以會傾向脫歐，全因英國加入歐盟之後，移民不斷增加，失業率因此持續上升，再加上恐怖分子集團入侵，導致治安敗壞，所以民眾紛紛表達不滿，也要求英國脫離歐盟。最終英國於 2020 年脫離歐盟。

**代的年輕人支持**。

英國政治理論家凱爾・米爾伯恩（Keir Milburn）在二○一九年出版的《左派世代》（*Generation Left*）一書提到，**全世界的年輕人有傾向左派的趨勢**。這簡直是在說 MZ 世代是左派世代。

反觀日本又如何？

相較於歐美，日本的年輕人似乎甘於現有體制。

不過負責監譯前述書籍的經濟思想家齋藤幸平所著的《人類世的「資本論」》（人新生の「資本論」）或是《卡爾・馬克思「資本論」》（カール・マルクス「資本論」）都創下銷售佳績。齋藤以馬克思的資本論為起點，提出「去成長共產主義」的理論，也得到年輕人如痴似醉的支持。

由此可知，年輕人傾向左派的趨勢的確逐漸形成。

其實熊彼得早就預言資本主義的衰退難以回避。當社會隨著資本主義的成功而漸趨成熟，企圖修正貧富差距的力量就會開始運作，所以**資本主義的結局必定是整個社會傾向社會主義**。

不過，這個社會主義並非由國家握有主權的共產主義。熊彼得也曾預言，在當時以蘇聯為首的強權型共產主義，終有一天會瓦解。

熊彼得心目中的理想模型是民主式的社會主義，現代北歐的社會民主主義應該是最接近熊彼得理想的模式。這部分將在第八章進一步討論。

這種模型既非社會主義（左翼），也非資本主義（右翼），可說是第三種選擇，而且與中間路線的實用主義也不一樣，是兼具資本主義與社會主義優點的次世代模式。

以更高的格局實現社會價值與經濟價值——足以作為代表的模型就是前述的ＣＳＶ。

書籍資訊

**左派世代**

**凱爾・米爾伯恩著**
**齋藤幸平監譯、解說**
**堀之內出版（2021 年）**

100 分的名著
**卡爾・馬克思「資本論」**

**齋藤幸平著**
**NHK 出版（2020 年）**

**人類世的「資本論」**

**決定人類命運的第四條路**

**齋藤幸平著**
**林暉鈞譯**
**衛城出版（2020 年）**

齋藤以馬克思的《資本論》為起點，提出「去成長共產主義」也得到狂熱般的支持。

ＣＳＶ是哈佛商學院的麥可・波特（Michael E. Porter）教授在二〇一一年提出的模型，中譯為「創造共享價值」。箇中細節可參考拙著《ＣＳＶ經營戰略～兼顧本業高收益與社會課題》（ＣＳＶ経営戦略～本業での高収益と、社会の課題を同時に解決す，東洋經濟新報社，二〇一五年）。

不過，波特的理論缺少了「創新」這塊拼圖。前面提過，社會價值與經濟價值難以兼顧這點，因為公司只能選擇將獲利回饋給社會，或是收進自己的口袋。

**為了不讓ＣＳＶ淪為漂亮的口號，就需要前所未有的創新。**在ＣＳＶ這個次世代經營模式備受注目的今日，我們更該讓熊彼得的思想甦醒。

chapter

# 2

# 熊彼得是什麼樣的存在？

## 從熊彼得的一生，認識他的思想精髓

本章想試著介紹思想家熊彼得的另外一面。

熊彼得於距今約一百四十多年的一八八三年誕生，於一九五〇年過世。若以日本來說，是在明治十六年（清光緒九年）誕生，並在第二次世界大戰之後過世。這應該是本書大部分的讀者還沒出生的時代。

事實上在這段期間，熊彼得一直被經濟學的主流視為旁門左道，完全就是一位自命清高的思想家。

儘管如此，或許也正因如此，到了現代，熊彼得的價值才重新被世人認知。為什麼熊彼得不願迎合時代，選擇自行其路呢？到了現代，世界又從熊彼得的思想中發現哪些核心價值呢？

本書將順著時間軸，逐步介紹這部分的來龍去脈，因為只有了解這段時間軸，才能了解熊彼得的思想精髓。欲知詳情，還請各位仔細閱讀後續的內容。

只有一件事想先提醒各位讀者。熊彼得是耗費了一生，不斷地讓思想進化的人。**不願站在原地，不斷地求新求變正是熊彼得的精神**。

然而其中有著獨特的進化模式，**也就是深入探究資本主義的本質、突破資本主義的極限，甚至超越資本主義的態度**。這與日本人自古以來重視「守破離」[5]的精神有著異曲同工之妙。

我們希望透過熊彼得的人生，重新認識「守破離」的精神有多麼重要。

## 熊彼得是經濟學的四大巨頭之一

當提起經濟學巨頭時，各位會率先想起誰呢？

近代經濟學之父亞當．斯密（Adam Smith）也許是最先被想到的一位，提倡共

5 「守破離」精神源自於劍道，「守」是遵循傳統、模仿老師，學習基礎和規則；「破」是破除思考的框架，開始創新和改進；「離」是自我超越，不再受限於任何形式或規則。

產主義經濟學的卡爾・馬克思，或是宏觀經濟學之父約翰・梅納德・凱因斯（John Maynard Keynes），也都是眾所皆知的大師對吧？他們幾位都是足以代表十八、十九、二十世紀的經濟學家。

那麼本書的主角熊彼得又該擺在哪個位置呢？

首先讓我們先釐清一下時代。熊彼得出生的一八八三年是馬克思過世、凱因斯誕生的一年。換句話說，熊彼得是於後馬克思時代誕生的人，也是與凱因斯同世代的人物，而且與馬克思或凱因斯有著奇妙的緣分。

## 與熊彼得思想最相近的是馬克思

那麼，熊彼得的思想該如何定位呢？

從結論而言，熊彼得是與前面三位保持距離、別創新格的思想家，硬要比擬的話，與馬克思的思想應該最為相

亞當・斯密
（1723～1790）

卡爾・馬克思
（1818～1883）

約翰・梅納德・凱因斯
（1883～1946）

近，至少熊彼得更加敬畏馬克思。

這是不是很令人意外？不管從哪個角度來看，創新與馬克思主義實在八竿子打不著吧？

馬克思在其主要著作《資本論》（*Das Kapital*）動態分析了資本主義的發展，而這種觀察趨勢變化的態度與熊彼得如出一轍，而且這兩位也異口同聲地提到，資本主義的末路必定是共產主義的時代。

## 熊彼得預言資本主義將自然轉型為社會主義

熊彼得和馬克思一樣，都以觀察資本主義經濟的發展為起點。熊彼得於二十九歲出版的第一主要著作就直截了當地以《經濟發展理論》（*The Theory of Economic Development*）作為書名。

馬克思認為資本主義的本質在於壓榨勞工，獲得剩餘價值（利潤），反觀熊彼得則一眼看穿創新是資本主義的本質與力量。這兩位都將人力定義為最重要的資產，但**馬克思只將人力視為勞力，熊彼得卻將重點放在人類的智慧，兩者的觀點可說是截然不同**。

話說回來，熊彼得與馬克思都認為，資本主義總有一天會失去動能，社會主義的時代也終將來臨。不過，熊彼得口中的社會主義並非權力集中於國家、個人資產國有化的極端共產主義。

此外，熊彼得認為社會主義並非透過革命形成，而是**從資本主義慢慢演化而成**。

換句話說，熊彼得不斷地暗示我們，資本主義與社會主義將融合為某種新型的社會經濟，這也為我們指出一條解決現代問題的道路。而這部分將在第八章進一步說明。

一直以來，熊彼得都被前述三位經濟學巨頭的光芒所遮掩，但是在創造專屬二十一世紀的未來之際，肯定會發現熊彼得的思想之中，藏著許多靈感與線索。

## 人類發起的創新才是進化的原動力

接著讓我們快速地回顧熊彼得的生平。

熊彼得於一八八三年在奧匈帝國（現在的捷克境內）出生。於奧地利維也納大學法學部取得法學博士學位之後，在英國遊學了一陣子，之後又遠渡埃及開羅兩年，一邊擔任律師，一邊擔任埃及王妃的財政顧問。

於此同時，他在一九〇八年出版了第一本著作《理論經濟學的本質與要義》（*The Nature and Essence of Economics Theory*）。當時的他年僅二十五歲。

爾後他回到奧地利，擔任切爾諾夫策大學（Chernivtsi University）的副教授，之後又擔任格拉茲大學（University of Graz）的教授。一九一二年出版了第一主要代表著作《經濟發展理論》，於世界經濟學會華麗登場。這是在他二十九歲時發生的事情。

第一次世界大戰結束的一九一九年，熊彼得擔任奧地利共和國的財政大臣，但與當時急於引入社會主義的政權格格不入，便於同一年辭職；一九二一年，他擔任了比德曼銀行（Biedermann Bank）總裁，該銀行卻於一九二四年陷入經營危機，熊彼得也因此被解職，還債台高築。之後，熊彼得便未再踏足政界與商界。

一九二五年，熊彼得擔任德國波昂大學（University of Bonn）的教授，一九二七年接受哈佛大學的客座教授一職，並於一九三二年升任為教授，遠渡美國的熊彼得從此未曾回到歐洲的學術圈。

於哈佛大學任職的熊彼得每天都與美國社會的年輕菁英為伍，過著持續研究和教學的每一天。

一九三九年推出第二主要著作《景氣循環理論》（*Business Cycles*），接著又於一九四二年推出第三主要著作《資本主義、社會主義與民主》（*Capitalism, Socialism and Democracy*），最後六十六歲的他於一九五〇年與世長辭。

若是簡單地回顧熊彼得的生平，的確能像這樣寫成短短的一頁。當時恰巧是接連爆發兩次世界大戰與經濟大蕭條的時代，也是全世界陷入恐慌與動盪的時代。不過，熊彼得並未被時代的狂浪所吞噬，反而持續地觀察經濟與社會的本質和動向。

**能讓經濟與社會持續進化的是源自內在的創新，而非外部環境——這便是熊彼得的思想精髓**。同樣有趣的是，熊彼特本身也是按照他的思想不斷地內省與進化。

## 凱因斯因時代背景，而成為宏觀經濟學主流

另一方面，與熊彼得同年出生的凱因斯可說是時代的寵兒，得以大展身手。在全世界陷入恐慌之際，凱因斯嚴厲批判了一直以來的自由放任主義，也認為政府應該積極介入經濟與創造需求，解決景氣下滑與失業的問題。

這種「重視需求型」的經濟理論被視為讓全世界經濟復甦的解方，也因此得到各界關注。這套理論隨後進入美國，也被企圖讓美國從經濟大蕭條重新振作的美國總統羅斯福（Franklin Roosevelt）納入「新政」（The New Deal，一九三三年到一九三七年）。

凱因斯的理論後來以《就業、利息與貨幣的一般理論》（*The General Theory of Employment, Interest, and Money*，一九三六年出版，後簡稱為《一般理論》）一書出版，也有好長一段時間成為宏觀經濟學的主流。

凱因斯經濟學是以公共建設刻意創造需求的理論。**這種方式雖然可短期推升景氣，卻無法避免財政惡化與通膨的嚴重副作用。**

## 凱因斯理論並非資本主義的本質

熊彼得最初對於凱因斯的理論抱持批判的態度，其理由在於凱因斯以「技術與資本設備不變」為前提，認為政府應該主動創造需求。

熊彼得則認為透過供給方，也就是民營企業的努力與創新創造需求才是經濟的本質。**在熊彼得的眼中，凱因斯理論不過是為了解決經濟大蕭條而急著端上檯面的方案，完全忽略了經濟原有的動力**。

熊彼得直言，凱因斯理論是「反資本主義」的理論，甚至揶揄凱因斯理論是「氧氣室之中的資本主義」，若以現代的說法形容，簡直就是某種「生命維持裝置」。

在熊彼得的學術生涯之中，凱因斯旋風可說是非常惱人。

比方說，在美國的前七年，熊彼得使盡渾身解數所寫的第二主要著作《景氣循環理論》就被凱因斯的《一般理論》帶來的熱潮影響，未能受到經濟學會矚目。於同一時間撰寫的「貨幣論」的原稿也被迫放棄出版。

此外最令熊彼得痛心的莫過於，他在哈佛大學的愛徒紛紛轉投凱因斯陣營吧。其中最具代表性的便是日後獲頒諾貝爾經濟學獎的美國經濟學家保羅·薩繆爾森

（Paul Anthony Samuelson）。

薩繆爾森在《經濟學》（*Economics*）作品中達成了讓新古典派微觀經濟學與凱因斯主義宏觀經濟學融合的豐功偉業。

這本著作爾後也成為經濟學的教科書，在全世界的發行量超過一千萬本，在我進入哈佛商學院就讀時，這本著作也被選為必讀書籍之一。

## 熊彼得並未留下數學模型

除了「貨幣論」之外，熊彼得還有一項認真挑戰卻被迫放棄的理論，那就是「計量經濟學」。熊彼得出版的著作沒有任何公式，由於熊彼得的理論是由縝密的邏輯所建構，只要按圖索驥就能了解他的理論，但是卻未能整理成數學模型這種通用的形式。

書籍資訊

**經濟學**

**薩繆爾森著**

整合新古典派微觀經濟學與凱因斯主義宏觀經濟學的著作。被全世界奉為經濟學的教科書。

這也是熊彼得與前述的愛徒薩繆爾森的明顯差異。比方說，在熊彼得出版《景氣循環理論》的一九三九年，薩繆爾森就將景氣循環的結構整理成乘數與加速度模型。

一般認為，熊彼得很早就發現計量經濟學的可行性，也於一九四〇年擔任計量經濟學會會長。

**不過，熊彼得對於那種宛如機械的公式或模型，始終抱持懷疑**。或許他覺得由企業家的志向、熱情以及行動所帶動的創造性破壞，也就是創新的本質與數學模型格格不入吧。

熊彼得死後，經濟學便一路朝計量經濟模型發展與進化。熊彼得拒絕讓自己的理論整理成數學模型這點，也使他被時代淘汰，這實在是令人遺憾的結果。

因為電腦在那之後便大幅進化，除了能建立宛如機械的線性模型，還能建立像生物般的非線性模型。

比方說，一九五六年，麻省理工學院的傑·萊特·弗雷斯特（Jay Wright Forrester）教授開發了系統動力學模型。第一章介紹的羅馬俱樂部便是透過這套系統動力學試算「成長的極限」。

事實上，如今有許多人正試著將熊彼得的創新理論整理成公式，而這群人也被稱為「新熊彼得派」（Neo Schumpeterian）。

不過，能讓九泉之下的熊彼得大吃一驚的數學模型似乎尚未出現。或許熊彼得正一臉賊笑地說著：「整理成模型這件事，與創造性破壞的本質實在相去甚遠啊。」

## 啟發杜拉克的不是凱因斯，而是熊彼得

雖然熊彼得被迫從經濟學的主流消失，卻在二十世紀下半葉重新得到世人青睞。而讓熊彼得重新回到世人眼前的，正是管理大師彼得．杜拉克。

杜拉克在經典名著《彼得．杜拉克的管理聖經》（*The Practice of Management*）之中稱熊彼得為「近代最偉大的

**彼得．杜拉克**
**（1909～2005）**

管理學家。「管理」一詞的發明人。

經濟學家」，而這本書是於熊彼得死後的一九五四年寫成。

杜拉克與熊彼得有幾個共通之處。例如，同樣於奧匈帝國誕生，卻被迫遠渡美國，在美國落地生根，以及被學術界輕視。

杜拉克將熊彼得稱為經濟學的「異教徒」，而杜拉克自己也是「異教徒」，因為他總是與試圖透過靜態與機械手法，分析活生生的經濟與社會的正統學術派徹底保持距離，也自稱為「社會生態學家」（Social Ecology）。

杜拉克在其主要著作之中，時不時會提到熊彼得。比方說，在《社會生態願景：對美國社會的省思》（*The Ecological Vision: Reflections on the American Condition*）一書中，杜拉克透過「熊彼得與凱因斯」這個章節提到，實施凱因斯的經濟政策之後，經濟突然停滯不前的現象。

**書籍資訊**

書中將熊彼得譽為近代最偉大的經濟學家。

## 彼得．杜拉克的管理聖經

彼得．杜拉克著
齊若蘭譯
遠流出版（2020年）

杜拉克在這本書提到，「一如熊彼得在五十年前所警示的，凱因斯的答案全部都是錯的」。

## 社會生態願景

對美國社會的省思

彼得．杜拉克著
胡瑋珊、白裕承譯
博雅出版（2020年）

「今時今日的我們，總算知道凱因斯的答案全部都是錯的，一如熊彼得在五十年前就知道這一切……從事實來看，不管是正統凱因斯學派，還是彌爾頓・傅利曼（Milton Friedman）的修正版，凱因斯學派的經濟政策一經實施，貨幣的流通速度便產生改變，個人或企業的微型經濟也因此遭受嚴重打擊，一切彷彿遭受夜襲般突然。」

話說回來，凱因斯的經濟理論到底哪裡行不通呢？

杜拉克在《社會生態願景：對美國社會的省思》這本書中如此解釋：

「熊彼得與凱因斯的根本差異在於，凱因斯認為健全而正常的經濟前提應該是處於平衡狀態。而早在學生時代，熊彼得就認為現代經濟是動態不平衡的狀態……經濟會不斷成長與變化，其本質並非機械，而是生物。」

杜拉克的意思是，凱因斯認為正常的經濟就該處於「穩定狀態」的說法是錯的，這種說法與熊彼得的「經濟是動態的」完全相反。

此外，杜拉克也如此讚賞熊彼得的思想：

「熊彼得將創新，也就是企業家精神視為經濟的本質。這種讓宛如死水的資源得以轉型為高產值資源的企業家精神，正是現代經濟的本質……這意味著賦予利潤某種經濟功能。在追求變化與創新的經濟環境之下，利潤並非來自馬克思與其理論所說的『從勞工榨取的剩餘價值』。反過來說，利潤是創造就業機會，以及讓勞動產生價值的唯一泉源……若引用熊彼得的名言，所謂的創新就是創造性破壞，所以創新會讓資本設備與資本投資成為明日黃花。因此，經濟越是發展，就越需要資本形成……為了讓經濟維持不斷增殖財富的能力，尤其為了維持今日與明日的就業機會，就少不了資本形成與生產力。」

由此可知，利潤能陸續創造就業機會。這個熊彼得提出的理論對杜拉克產生了莫大的影響。杜拉克在這本書的最後宣布睿智的熊彼得更勝才氣縱橫的凱因斯一籌：

「才氣可風靡一時，睿智卻永垂不朽。」

杜拉克根據熊彼得的思想寫了《創新與創業精神》（*Innovation and Entrepreneurship*）這本名著，這部分我們將在第四章與第五章進一步介紹。

## 熊彼得理論培育了許多日本經濟學家

熊彼得與杜拉克還有一個共通之處，而且與日本人息息相關。各位讀者知道是什麼嗎？

答案就是這兩位都很受日本人歡迎。其實大部分的美國人可能不清楚杜拉克是誰，但是許多日本人都是杜拉克的擁護者，這應該不只是因為二〇一〇年《如果，高校棒球女子經理讀了彼得・杜拉克》（もし高校野球の女子マネージャーがドラッカーの「マネジメント」を読んだら）這本書在日本熱銷的緣故。

**書籍資訊**

**創新與創業精神**

**彼得・杜拉克著**
**上田惇生譯**
**鑽石社（2015 年）**

同樣地，日本的商界人士對於凱因斯或是傅利曼這類盎格魯－撒克遜模式（Anglo-Saxon model）[6]的正統派經濟學家不感興趣。不過，熊彼得似乎很對這些商界人士的胃口，這有可能是因為創新、創造性破壞、企業家這些新概念讓人雀躍，能夠遙想未來的模樣吧。

杜拉克對於日本的熱愛相當為人所知。而其實熊彼得似乎也對日本懷抱著特殊的情感，他在一九三一年初次踏上日本的土地，於現在的一橋大學、東京大學與神戶大學演講。

在日本期間，他也遊覽了日光、箱根、京都這些地區的名勝古蹟。在這些地區之中，熊彼得似乎對京都情有獨鍾。根據熊彼得在哈佛大學的弟子都留重人（一橋大學名譽教授）的說法，熊彼得因為太愛京都，甚至對《源氏物語》深深著迷。

據說熊彼得甚至曾對都留表示，「想與紫式部這樣的女性徹夜長談」。年輕時代的熊彼得曾擲下豪語「要成為維也納最知名的情聖唐璜（Don Juan）、歐洲最高超的馬術師，以及全世界最棒的經濟學家」，我們似乎能從他對《源氏物語》作者紫式部的愛慕一窺他那自詡為知性情聖的一面。

熊彼得也說過「我們總是對藝術敬而遠之，但日本人卻讓藝術充盈於生活的每個角落」。這番話不禁給人感覺，熊彼得果然與杜拉克一樣是社會生態學家，都具備了打破近代經濟學框架的視野。

親眼目睹二次世界大戰有多麼殘酷的熊彼得打從內心貫徹反戰主義。聽說第二次世界大戰爆發之際，他非常擔心京都遭受破壞。好在京都無恙，他也因此放下心中的大石頭，還說若有機會再次造訪日本，一定要再訪京都。

6 盎格魯－撒克遜模式是一種資本主義經濟模式，因率先在英國、美國、加拿大等英語系國家施行而得名，又稱新美國模式。它強調自由市場原則、最小政府干預、低稅收以及競爭的重要性。

7 水俁病是因工業排放含有機汞廢水所引起的中毒症狀，首次於一九五六年在日本熊本縣水俁市被確認。官方所認定的受害者高達一萬多人，當中有一千兩百四十六人死亡，引起國際關注和對環境汙染的反思。

8 三里塚鬥爭是日本千葉縣成田市的農民、居民及左派團體，反對政府在一九六〇年代未經充分協商即決定建設成田國際機場的一場長期抗議活動。

**宇澤弘文**

（1928～2014）

經濟學家。曾多次前往水俁病[7]與三里塚鬥爭（成田鬥爭）[8]的現場進行調查，以及發表相關言論並採取行動。

**都留重人**

（1912～2006）

經濟學家。是第二位擁有哈佛大學榮譽學位的日本人。

受到熊彼得薰陶的日本經濟學家也不在少數，前述的都留重人教授便是其中一位。

就連我個人萬分敬愛的宇澤弘文（東京大學名譽教授）似乎也受到熊彼得的影響，他的身上帶著濃厚的熊彼得思想。宇澤教授是在熊彼得辭世之後才遠渡美國，而且若只從宇澤教授在西海岸或芝加哥的足跡來看，實在找不到他與熊彼得之間的相關性。不過，宇澤教授在芝加哥大學執掌教鞭時，便發現凱因斯以及同事傅利曼的主流派經濟理論有其極限，也對此提出「新成長模型」與「不均衡動學理論」（Uzawa Condition），這讓我深深認為他與熊彼得發現了相同的問題。

對美式資本主義抱有疑問的宇澤教授在回到日本之後，便開始提倡「社會共通資本」這個概念。遺憾的是，這位被譽為離諾貝爾經濟學獎最接近的日本人在二〇一四年辭世。

宇澤教授的「新資本主義」如今也再次受到重視，而這個思想與熊彼得對資本主義的預言也有著異曲同工之妙。

## 渴望走向資本主義未來的熊彼得

各位讀者看過熊彼得的照片嗎？

應該很難從最常見的晚年照片看出他早年的模樣，當然也看不出他那「驚世之子」（Enfant Terrible）[9]或「情聖唐璜」的氣質。不過，應該不難從他的眼神感受到那股直擊「本質」的犀利。

有趣的是，我每次看到熊彼得的照片，都會莫名聯想到貓頭鷹，這或許是因為他的眼距寬、鷹鉤鼻（不過，貓頭鷹的是嘴喙，不是鼻子）與飽滿的額頭，才給我這種感覺。但更準確地說，應該是他整個人的感覺讓我聯想到貓頭鷹吧。

自古以來，貓頭鷹就被譽為「森林的哲學家」，而在羅馬神話之中，智慧女神密涅瓦（Minerva）身邊總是有一隻貓頭鷹陪伴，這隻貓頭鷹也被認為是智慧的象徵。

9 法語 Enfant Terrible 被用來形容那些行為大膽、常常挑戰社會常規、有時候行為出格，但同時又具有某種才華或吸引力的人。

德國哲學家黑格爾（G. W. F. Hegel）曾說，「智慧女神的貓頭鷹，總在黃昏時分來臨之際才展翅高飛」，意思是貓頭鷹會在一個時代即將終結的黃昏之時，振翅飛向那名為夜晚的未來。

或許，熊彼得正是那隻在資本主義行至末路之際，振翅飛向資本主義未來的貓頭鷹吧。

貓頭鷹擁有獨特的習性，只喜歡離群索居，獨自行動。提到「不願與人為伍」，或許有人會聯想到知名連續劇《派遣女醫X》（ドクターX～外科医・大門未知子～）[10]的主角大門未知子，不過，熊彼得不願與人為伍的程度，恐怕更勝大門未知子一籌。

熊彼得曾公開表示「以科學為基礎的經濟學不需要形成學派」。先前介紹的都留教授也提到，熊彼得曾皮笑肉不笑地說「只有魚才會成群結隊（成群結隊的英文為school，也有「學派」的意思），由此可知，他對當時不可一世的凱因斯學派有多麼不屑一顧。

就像身為知性象徵的貓頭鷹棲息在孤獨的世界，討厭拉幫結派的熊彼得也想獨自振翅飛向未來吧。

## 漣漪引起波浪，波浪形成浪潮

在熊彼得的思想之中，最明顯的特徵便是「時間軸」。熊彼得從來不以「靜態」的某個時刻詮釋經濟或社會，而是從「動態」的時間軸觀察經濟或社會，而且這個時間軸是流動的。當我們能以微觀、宏觀與巨觀的視角，隨心所欲地觀察或是操作時間軸，就能發現藏在其中的「熊彼得魔法」，這正是他在思想上的進化之處。這些魔法也在他的心血結晶，也就是三部主要著作之中展露無遺。

他在「富庶的二十幾歲」寫出第一主要著作《經濟發展理論》，於學術界華麗

10《派遣女醫X》劇情講述直言敢諫的派遣醫師大門未知子，討厭成群結隊、討厭權力、討厭束縛，以其高超的外科手術技術作為武器，勇於挑戰白色巨塔封建體系的故事。

# 熊彼得的三本主要著作

第一主要著作
第二主要著作
第三主要著作
《經濟發展理論》
《景氣循環理論》
《資本主義、社會主義與民主》
富庶的二十幾歲
物換星移的三十至四十幾歲
臻至成熟的五十幾歲

登場。他在這本著作提到創新會打破經濟的均衡，所以才是成長的泉源。只有創造性破壞能開拓未來與挪動時間軸。這也是將注意力放在微觀世界的觀點。

接著他在「物換星移的三十至四十幾歲」構思第二主要著作《景氣循環理論》。此時的他認為，創新雖然能帶動一時的成長，卻終將失速，跌進不景氣的深淵，但次世代的創新也將從中誕生，景氣便得以循環。

**若將時間軸延展至十年至五十年的長度，才能將經濟視為波動。**

最後，他於「臻至成熟的五十幾歲」完成第三主要著作《資本主義、社會主義與民主》。**他在這本著作提到過去的經濟原理或社會思想已屆暮年，必須另闢蹊徑，開創嶄新的未來**。

這本書的時間軸都輕易地超越了一百年，並且曾經提到「一世紀也只是短暫的期間」。

能從微觀、宏觀、巨觀的角度俯視時間，於時間軸之中悠遊的熊彼得開創了全新的視野，而微觀世界的漣漪將引起宏觀世界的波浪，最終將掀起滔天巨浪。發現時間軸的「巢狀結構」正是身為思想家的熊彼得最偉大的成就。

**我將這種思考方式稱為「遠近（透視）複眼思考」**。這也是古今中外的企業家都擁有的「絕技」。

接下來的第二部將介紹這三本主要著作的精要之處。不過，光是知道熊彼得的想法與理論，只會淪為知而不行的地步。當各位讀者跟著第二部的順序閱讀，便能一步步體驗熊彼得在思想上的進化。但願各位能透過這些體驗掌握讓思考得以進化的靈感。

第二部

# 創新到底是什麼？

chapter

# 3 熊彼得思想的本質

## 思考創新的本質

接下來總算能直擊熊彼得思想的本質了。

雖然熊彼得被譽為「創新之父」，但是，創新到底是什麼呢？

是做沒做過的事？

是革命？

或是開拓未來？

這些說法都讓人雀躍不已對吧？

讓我們先從語源確認吧。創新的英文為Innovate，而這個單字是由In（在～之中）、Nov（新的）、Ate（執行）所組成，換言之，是「從內部開始更新」的意思。

那麼，為什麼是「從內部開始」呢？

這就是這個詞最重要的關鍵。

照理說，變化都是從外而內才對。若以近期來看，數位革命、環境變動、大規模的疫情都是具代表性的例子。

這些來自外部的變化雖然是危機，卻也是創新的絕佳時機，若只是坐在原地等待，便無法掌握這股激發創新的動力，必須將變化視為轉機與改變自己的機會。

更甚者，不僅僅是坐等外部環境的變化，即使是什麼也沒有發生的時候，如果能夠自我改變並對外部施加影響，那麼就能創造出新的變化。這就是真正的創新者的角色。

**換言之，創新就是「透過自己的雙手開創未來」**。若以電視節目的風格來說，意即「你就是主角」（這種風格很老派就是了）。

感覺如何？創新這個詞彙是不是越來越閃亮呢？早在一百年前，熊彼得便發明了「創新」這個詞彙。接下來就讓我們回到一百年前，站在熊彼得的角度思考創新的本質吧。

## 熊彼得顛覆了經濟學的常識

熊彼得於一九〇八年，年僅二十五歲之際，出版了處女作《理論經濟學的本質與要義》。

熊彼得在這本著作中對亞當・斯密為首的經濟學提出質疑。在此之前的經濟學，無不以自由競爭可為市場創造「均衡」的局面為大前提。

例如，各位是否還記得在學校學過需求曲線與供給曲線交會之處，便是均衡價格這個說法呢？這就是典型的「均衡論」。

**不過就實務而言，價格從未符合理論上的數字**，因為需求與供給並非恆定不變。需求會隨著顧客的意向而變動，供給也會因為新商品或新機制登場而驟變。

熊彼得直言在過去被奉為常識的經濟理論，不過是紙上談兵的理論，也認為**唯有透過創造力打破均衡，才是經濟發展的本質**。本書是如此解釋這句話：

「在強力跳躍與停滯的時期，滿溢的希望與苦澀的幻滅不斷交錯，即使新事物源自舊事物，其發展也絕非連續性的。我們的科學便如實地說明了這一切。」

話說回來，一九六二年，美國科學史家湯瑪斯・孔恩（Thomas Samuel Kuhn）就曾在其《科學革命的結構》（*The Structure of Scientific Revolutions*）提到，科學革命是由「典範轉移」（Paradigm Shift）所推動。**所謂的「典範轉移」，是指在當時被視為理所當然的常識或概念產生劇烈變化的現象。**

熊彼得的思想不啻為顛覆常識，讓對事物的看法產生變化的典範轉移。換句話說，熊彼得本身便是為經濟學畫出新地平線的創新者。

## 從內部發動改革的力量

繼處女作之後，二十九歲的熊彼得在一九一二年出版了第一主要著作《經濟發展理論》。這本書是根據處女作的論點來具體發展動態論。

**書籍資訊**

**科學革命的結構**

**湯瑪斯・孔恩著**
**程樹德、傅大為、王道還譯**
**遠流出版（2017 年）**

那麼，熊彼得的動態論與之前的靜態論有何不同呢？讀者可在這本書讀到三個明顯的典範轉移。

第一個典範轉移就是**外部經濟轉型為內部經濟**。在典範轉移發生之前，外部經濟，也就是市場、產業的規模與特性都帶有各種限制，所以企業只能在這種外部環境或是限制中活動。

對此，**熊彼得認為企業自行發動改革就能改變外部經濟**。熊彼得在這本著作中如此形容：

「所謂的發展是指經濟從內部催生的經濟循環與經濟變化，而不是在遭受外部衝擊之後所產生的經濟變化。所以，我們應該將發展視為經濟『自己迫使自己』產生的變化。」

這本著作的日文版於一九三七年出版，其中的序文也明確指出熊彼得的理論與過去的經濟學理論有哪些不一樣。熊彼得認為，經濟並非傳統的經濟學所描述的那樣，也就是人力無法操控，人們只能眼睜睜地看著經濟的發展與變化，並且接受它。

不過，熊彼得也曾提過「我覺得經濟之中，有一股自行發動改革的強大能量」，他也曾表示，寫這本書的理由在於「想釐清經濟往下一個階段發展的原因」。

換言之，**我們該做的不是無可奈何地接受外部環境，而是從內部改革環境。**

這就是熊彼得所追求的第一個典範轉移。

## 克服障礙，享受創造帶來的喜悅

第二個典範轉移是**從被動轉為主動**。

意思是受到環境制約的人主動應用身邊的一切，改革環境的典範轉移。**說得簡單一點，即是「你就是主角」的意思**。

熊彼得認為，要想改變經濟活動，會遇到兩種抵抗。其一是之前介紹的社會，也就是「來自外部的抵抗」，其二則是「源自內部的抵抗」，**這兩種都是想要維持現狀的力量，換言之就是起因於「慣性法則」的抵抗**。

要打破這個法則，首先得克服源自內部的抵抗（也就是熊彼得所說的「心理障礙」）。

熊彼得在這本書將人類分成「靜態」與「動態」兩種類型。

接著**他又進一步將「靜態」的人形容為「享樂主義的人」或是「幸福主義的人」**，因為這類人習慣逃避束縛，不願面對挑戰。他們不願冒險、缺乏果斷，只想順著老路走，舒服地過日子。

另一方面，熊彼得將「動態」的人形容為「充滿活力的人」。**這類人不怕束縛，也不會向限制低頭，全心相信事在人為**。

這類人會把「沒有前例不會是阻止我採取行動的理由」這種話掛在嘴邊，所以熊彼得將這種人稱為「採取行動的人」。

這種「採取行動的人」就是推動創新的企業家，**他們的特徵是「享受創造帶來的喜悅」**。書中也提到，「這與藝術家、思想家、政治家推動的創造性活動相同」。這種企業家的特徵將在第五章進一步介紹。

## 「以人為主體」是經濟的大前提

熊彼得主張經濟是由每個人自發採取行動所形成的，**言下之意，即是說人性在經濟中重新握有權力**。

這與思想家的精神是同步的，也可說是與當時逐漸抬頭的存在主義互相呼應的理論。

比方說，在十九世紀奠定存在主義基礎的尼采（Friedrich Wilhelm Nietzsche）便在主要著作《查拉圖斯特拉如是說》（*Also Sprach Zarathustra*）呼籲我們成為「超人」。

他不斷地強調每個人積極開創生活的重要性。尼采最知名的一句話便是「上帝已死」，**熊彼得也希望讓人們從古典經濟學派的詛咒，也就是「神（市場）那雙看不見的手」中解放**。

另一位與熊彼得同時代的存在主義哲學家海德格（Martin Heidegger），則在主要著作《存在與時間》（*Sein und Zeit*）中提倡「籌畫」（Entwurf）這個概念，意思是**於這個世界誕生（被拋擲，Geworfenheit）的人類必須不斷地發現與創造自己的存在**。換言之，只有不斷地將自己寄予未來（籌畫）才是生存的意義。

這與熊彼得口中的「動態的」、「充滿活力的」以及「富有創造力的」人類樣貌如出一轍。

熊彼得與存在主義的哲學一樣，無法容忍不以人類為主體的思想，也努力推動能將人性發揚光大的典範轉移。

## 企業家是顛覆定論的人

第三個典範轉移就是**報酬遞減（Diminishing Returns，又稱收益遞減）轉型為報酬遞增（Increasing Returns，又稱收益遞增）**。「遞」有「漸漸地、逐漸」

**弗里德里希・尼采**
**（1844～1900）**

哲學家與古典文獻學家。主要著作為《查拉圖斯特拉如是說》。

**馬丁・海德格**
**（1889～1976）**

被認為是二十世紀歐陸哲學流派最重要的哲學家之一。

的意思。

在靜態的經濟學之中，一旦超過能夠不斷增加產量的點，就得耗費更多成本才能製造更多產品。換言之，每單位成本的產量會減少，而這就是報酬遞減的現象。

熊彼得則認為，如果能透過「創新」大幅提升產能，就能提高每單位成本的產量。這就是報酬遞增的法則。

打破報酬遞減法則的角色便是「採取行動的人」，也就是「企業家」。

**企業家無法滿足於報酬遞減的現狀，所以會努力創新。**

創新的原動力正是前述的「享受創造帶來的喜悅」。

不管是過去的農業社會還是熊彼得所處的工業社會，只要生產方式有其制約，就一定避不開報酬遞減的法則。

**報酬遞增與報酬遞減**

報酬遞減→隨著產量增加，投入成本對應的生產量減少。早期的農業或工業都屬於報酬遞減類型。
報酬遞增→隨著產量增加，投入成本對應的生產量增加。知識型產業和網路產業都屬於報酬遞增類型。

不過，進入資訊社會或是知識社會之後，報酬遞增的法則便反客為主，**因為資訊或知識會隨著使用的次數而越來越有價值**。

## 現代經濟學正隨著熊彼得的理論發展

熊彼得的動態論在二十世紀後半的複雜理論中受到矚目。比方說，被譽為複雜理論聖地的聖塔菲研究所（Santa Fe Institute，SFI）[11]布萊恩・阿瑟（William Brian Arthur）教授就提出報酬遞增的公式，也於一九九〇年獲頒熊彼得經濟學獎（Schumpeter Prize in Economics）。

於此同時，美國經濟學家保羅・羅莫（Paul Romer）也奠定了「內生成長理論」（Endogenous Growth Theory）的基礎。內生成長理論主張經濟成長動力源自知識、人才與企業保有的無形資產，並非來自外部環境；羅莫也提到，這種源自無形資產的成長可透過學習效果進化為報酬遞增型的成長。

這簡直就是讓熊彼得的創新論在二十一世紀得到全新的詮釋，羅莫也因此在二〇一八年獲頒諾貝爾經濟學獎。

我總是不斷地提醒自己，要繼熊彼得、布萊恩·阿瑟、保羅·羅莫之後，讓他們的思想得以在經營學延續。

我最初的嘗試便是出版了《以學習為優先的經營心法～日本企業為什麼會從內部開始改變呢？》（学習優位の経営～日本企業はなぜ内部から変われるのか），有興趣的讀者務必一讀。

**熊彼得是少數能夠判斷時代浪潮的經濟學家**，正因如此，他終其一生都是一位孤高的思想家。

在《經濟發展理論》出版了超過一百年的現在，熊彼得的思想得以完美復甦，全因其中蘊藏了許多開創二十一世紀所需的線索與靈感。

11 聖塔菲研究所是位於美國新墨西哥州聖塔菲市的非盈利性研究機構，為世界知名的複雜性科學研究中心，成立於一九八四年。

書籍資訊

## 以學習為優先的經營心法

～日本企業為什麼會從內部開始改變呢？

**名和高司著**
**鑽石社（2010 年）**

打造從主業學習的機制，日本企業就能從內部改變與持續成長。以 TOYOTA、UNIQLO、7-ELEVEN 以及其他豐富的實例說明學習型戰略理論。

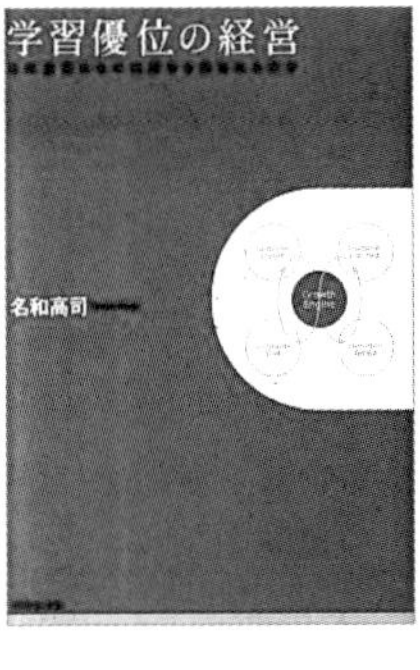

## 從既有的元素中「發展」才是本質

話說回來，熊彼得的著作《經濟發展理論》使用了「發展」這個詞彙。如果要強調的是創新，「革命」這種聽起來磅礡的詞彙不是更讓人有感覺嗎？

為什麼熊彼得會選擇「發展」這個詞呢？

就讓我們稍微繞點遠路，試著了解原文吧。

熊彼得的這本著作是以德語寫成，而德語的「發展」為Entwickeln，其中的Ent是「脫」的意思，Wickeln則為「纏繞」的意思，這兩個字加起來有「解開毛線球」的意象。

**這裡的關鍵在於「不是從零創造」這點**，意思是「發展對象或是自身內部的元素」。

《經濟發展理論》的英文譯本將這個字翻譯成Development，而這個單字的語源為De（向外）+Velop（包覆），也就是「解開包覆」的意思，意思同樣不是「從零開始創造」，而是「挖掘對象或自身之中的元素」。

如何？是不是覺得在探索事物本質時，有必要回溯詞彙的源由呢？是的，熊彼得提倡的絕不是「革命」。話說回來，英文的革命為 Revolution，其語源為 Revolve（顛覆），這不是熊彼得想要的創新。

**雖然熊彼得對馬克思的思想很有共鳴，卻排斥「革命」這種方法論**。這部分將在第八章進一步說明。

熊彼得提倡的創新比較接近 Evolution，也就是「進化」這個概念。不過，進化通常是自發的，而 Development 卻是人為觸發的。

熊彼得透過本書提倡的社會經濟進化論，被前述的複雜理論與進化經濟學繼承。自我組織（Self-Organization）、湧現組織（Emergent Organization）[12]這類最新的組織理論，正是源自一百年前的熊彼得。

12 自我組織、湧現組織等現代組織理論，都強調結構或行為是從組織內部自然發生的，而非外部強制或預先設計。這類組織模式強調靈活性和適應性，尤其適用於那些需要快速反應市場和環境變化的情境。

## 創新並非「從零開始創造」

是發展（Evolution）而非革命（Revolution）這點對現代的經營者而言，蘊含了三個重要訊息。

第一個訊息就是**創新並非「從零開始創造」這點**。

發明（Invention）與創新有著本質上的差異，因為創新的本質並非發明新事物，而是以全新的方式組合現有的東西，熊彼得也將其稱為「新組合」。新組合的部分將於下一章進一步介紹。

許多以創新為目標的企業家都將兩者混為一談，所以要特別注意這點。熊彼得在書中提到「企業家與發明家的使命完全不同」，也曾說「發明不過是替無限的可能性多添一種可能而已」，認為發明並不重要。

**企業家的使命是從這些難以計數的可能性之中，挑出可行的部分再加以組合，藉此促進社會與經濟**。換言之，只有擬定決策與實踐決策，才是企業家的本質與行動原理。

如今，有許多為了徵求新事業的靈感而舉辦的「創意大賽」；或是讓一群程式設計師聚在一起，在短時間內開發程式與軟體的「黑客松」（Hackathon）[13]在各地舉辦，**但是「前景看好」的事業絕對不會從這些比賽中誕生**，因為創意與發明一樣，都只是無限的可能性之一而已，如果不加以篩選，便與垃圾山無異。

## 創新最重要的是「擴大規模」

當我們了解第一個訊息之後，第二個訊息就自然而然在我們眼前浮現。那就是**創新的本質在於「讓商品進入社會，再放大市場規模」**。

前面提過，「0→1」的過程只會堆出垃圾山，而創新的真諦在於其後的「1→10」，也就是讓商品進入社會的部分；之後再試圖完成「10→100」的部分，也就是「放大市場規模」，成為社會的實質標準。

13 「黑客松」是由電腦工程師「黑客」（Hacker）與「馬拉松」（Marathon）兩個概念組成的，參與者要在短時間內彼此合作，進行某項專案，用電腦解決問題。

為了讓商品進入社會，就必須得到客戶的好評，也必須建立能夠持續提供價值的系統。

不過，光是這樣還不夠，**還得讓商品轉換成利潤，再以利潤進行投資**。若以現代的經營用語來說，必須建立完整的行銷、供應鏈與商業模式，而且缺一不可。

熊彼得嫡系新創思想家彼得．杜拉克將上述的行銷、供應鏈與商業模式統稱為「管理」，換言之，要想創新，就必須懂得管理。

能否「規模化」是新創企業的命脈。

大部分的新創企業在0→1的階段創業成功時，都因為缺乏管理能力而瞬間從市場消失，所以這不只是堆出了創意的垃圾山，更是堆出新創企業的墳場。

熊彼得曾說，只有利潤才能促進經濟成長。

這也是與馬克思的思想大相逕庭的部分。馬克思認為「利潤來自榨取勞動力」，但熊彼得認為只有創新能創造利潤。

熊彼得也曾在《經濟發展理論》這本書如此說道：

「沒有發展，企業就沒有利潤；企業沒有利潤，就不會有發展。」

意思是只有將利潤重新投入事業，讓事業擴大規模，創新才能成為改造企業的動力。**創新的本質並非「創業」，而是讓商品進入社會，再讓事業擴大規模**。我們一定要將熊彼得的這番話牢牢記在心裡。

## 「左右開弓的經營方式」沒有意義

這一節則要介紹第三個訊息。

第三個訊息其實也是給日本現代經營者的一記當頭棒喝，因為「左右開弓的經營方式」這種外來的病症正在日本肆虐。

所謂「左右開弓的經營方式」是指，一邊強化（深化）現有的事業，一邊根據創意開拓（探索）新事業的經營方式。乍聽似乎很有道理，尤其當事業已走到死胡同的成熟企業更是趨之若鶩。

不過，這可是致命重病。**這種疾病曾在發源地美國流行一陣子，卻不受成功企**

**業歡迎**。舉凡經營者宣稱準備採用「左右開弓的經營方式」，股價無不應聲下跌。

各位讀者知道為什麼嗎？

因為投資人希望成熟企業能以自身的強項讓事業繼續成長，認為這種類似家家酒的新創遊戲只會折損企業價值。

當然也有願意投資新創企業的成長型投資人存在。

不過，他們一樣不把成熟企業的新創事業看在眼裡。成長型投資人是為了高成長率而投資，況且失去動能的成熟企業要在陌生領域開創一片天地的機率也趨近於零。

我們絕對不能被「左右開弓」這個詞彙蒙騙。

左手與右手若是不聽指揮，不僅會削弱原本的力量，也無法演奏和諧的音樂。企業要想成長，就必須在自己擅長的領域不斷深耕，不過，這並不是說要挖到地球的另一側（在挖到地球的另一側之前，恐怕會先被灼熱的熔岩融化），而是一點一滴地朝不同的方向慢慢挖，才能帶領我們找到新礦脈。

**根據自己的強項挖到新礦脈才是創新的本質**。正如熊彼得所說的，創新並非是革命，而是發展。

我在前作《以學習為優先的經營心法～日本企業為什麼會從內部開始改變呢？》之中就提倡了「深化、伸化、新化」這進化的三部曲。

在這三部曲之中，企業最有把握的應該是「深化」（深耕）與「伸化」（朝不同方向發展），因為最能憑著直覺找到正確的方向。

**「新化」其實就是突變的意思，而這種突變的成功機率接近零**，因為若不是從零開始的新創企業，就無法採取這種策略，先前也已提過新創企業的成功機率的確非常低。

前面提過，存在主義學家尼采對熊彼得的影響很深，而尼采也曾留下「深掘你現在所站之處，泉水就在你的腳下」的名言。

**古今中外，能持續創新與成功的企業都銘記這番教訓**。在日本，可以京瓷創辦人稻盛和夫與日本電產創辦人永守重信為代表。關於兩人的相關細節介紹可以參考拙著《稻盛與永守～來自京都的經營領袖本質》。

被「左右開弓的經營模式」迷惑的日本經營者，也許有必要重新認識熊彼得提出的創新論。

## 創造的重點不在於破壞

熊彼得也因提出「創造性破壞」一詞而聞名。

這個詞彙於熊彼得第三主要著作《資本主義、社會主義與民主》之中首次登場。這本書如此說道：

「經濟結構的內部不斷發生革命，舊結構不斷地被破壞，新結構不斷地誕生。這種『創造性破壞』的過程一再展現了資本主義的本質。」

這裡值得注意的是，創造並非從零而生這點，而是在舊結構被「破壞」以及「重組」為新結構之後誕生。我們

書籍資訊

**稻盛與永守**

～來自京都的經營領袖本質

名和高司著
日經 BP（2021 年）

以前所未有的方式比較讓小企業成為世界級大企業的明星經營者稻盛和夫與永守重信，找出兩者的強項、共通之處與極限。

很容易因為「破壞」這個氣勢磅礴的詞彙而分神，但是這裡所說的「破壞」不過是「重組」的暖身運動。

**換言之，「破壞」是事前的準備，「創造」則是事後的結果**。站在舞台正中央的主角則是「重組」，也就是熊彼得口中的「新組合」。熊彼得直言，創新的本質正是這個新組合。

關於新組合的重要性，熊彼得已在其第一主要著作一再強調，箇中細節也會於下一章介紹，但在此要請各位讀者先記住「重組」這個關鍵字。熊彼得曾如此描述「重組」：

「企業家會從停滯不前的經濟之中找出部分資產，再以前所未有的方式使用這些資產。這便是推動新組合所需的過程。」

所謂創造性破壞就是資產的重組。重點不在於「添加」新的東西，而是需要從既有的框架「抽出」現有資產的勇氣。

這種「減法」便是破壞，不是以「加法」處理這些抽出來的資產，而是透過重組的方式，讓這些資產以「乘法」的方式疊出新價值，也就是透過新組合的手法所催生的附加價值。

## 別忘了經常「新陳代謝」

所謂的創造性破壞就是促進經濟活動「新陳代謝」。

為了達到這個目的，從事經濟活動的企業必須讓資產加速「新陳代謝」，這也是熊彼得「創新是由內部啟動」這句話的本質。

一邊深耕現有的事業，一邊探索新事業「左右開弓的經營模式」，只能產生一加一等於二的效果，無法催生真正的創新。真正需要的是將現有事業的資產重組為新事業的智慧、勇氣與行動。

而這絕非易事，只要踏錯一步，可能不只是現有的事業毀於一旦而已。所以一般企業不會真的想要創新，而是選擇「左右開弓的經營模式」敷衍了事。

在現今經營的第一線，呼籲從販售商品轉型為販售服務、採用訂閱制、回收再利用等商業模型改革的聲浪逐漸高漲，但是這些所謂的商業模型並非新創的事物，是如同空氣一般早就存在於身邊的東西，是隨時都能輕易複製貼上模仿的。

相對地，資產重組雖然困難，卻有其價值。

要重組整體經濟的資產，勢必會遭受那些覺得沿用舊例就好的顧客以及既得利益者的強烈反彈。想要創新的企業必須在遭受這些人反彈之前，先勇敢地重組自家公司的資產。

**只有促進自家公司資產新陳代謝，以及讓經濟生態系（Ecosystem）的整體資產進行新陳代謝，才是成功推動創新的關鍵。**

## 隨波逐流是最大的風險

各位讀者是否聽過ＶＵＣＡ這個詞彙？

這個詞彙是由Volatility（易變性）、Uncertainty（不確定性）、Complexity（複雜性）、Ambiguity（模糊性）這四個單字的首字所組成。差不多在十年前，「ＶＵＣＡ

時代即將到來」的說法就引起各界譁然。簡單來說，VUCA時代就是「看不見未來的時代」。

不過，這種說法不是現代才出現，美國經濟學家約翰・高伯瑞（John Kenneth Galbraith）早在半世紀之前就不斷強調「不確定性的時代」即將來臨。

在經歷兩次世界大戰與經濟大恐慌的熊彼得眼中，我們這些為了VUCA而惶惶不安的人應該很滑稽吧，**因為對熊彼得來說，所謂的「均衡」、或者說是穩定、清晰的未來，不過是種幻想罷了**。

一如熊彼得所述，經濟是變化無常的，穩定不是常態，只有變化才是常態。在進入這個被稱為VUCA的現代之後，世界才總算發覺一百年前的熊彼得多麼有先見之明。

就算真的進入了VUCA時代，也沒有什麼好慌張的。只要知道不斷變化才是常態，就會知道逃避風險、維持現狀才是最大的風險。反之，變化也是重組現有資產、打破現狀的絕佳機會。

話說回來，在發現大環境的變化之後，才不得不突破現狀的話，稱不上是真正的企業家。熊彼得只將那些能夠由內而外，讓大環境產生變化的人稱為企業家。

若只懂得順著DX（數位轉型）或SX（Sustainability Transformation，永續轉型）的時代潮流前進，那就和隨波逐流的垃圾沒有兩樣。**我們必須記住的是，不要只是隨波逐流，而是要判讀潮流的去向，自行發動下一次的變化，才算是發動真正的創新。**

## 賈伯斯的生涯貫徹了「創造性破壞」

若問現代的創新高手是誰，各位讀者第一個會想到誰？想必大家最先想到的會是賈伯斯吧？雖然賈伯斯已經過世十多年，但無庸置疑是位貫徹創造性破壞的企業家。

他在經歷了創立蘋果公司，讓麥金塔電腦問世的創業者時代之後，被逐出蘋果公司，又於十年之後強勢回歸。此時的他進入屬於自己的企業家時代，陸續透過iPod、iPhone、iPad這些產品開拓新市場。

若是觀察賈伯斯的軌跡，就會知道他透過三大重點一步一腳印地實踐了熊彼得的理論。

第一個重點是**視限制為機會**。賈伯斯總是把「別畫地自限」掛在嘴邊，也因此衍生出「Get Out of Box！」（從箱子出來）這句名言。**換言之，箱子，也就是限制，正是絕佳的創新機會**。

第二個重點是**擺脫過去與現在**，持續發現未來的方向。賈伯斯很愛說，「我們該追逐的不是冰上曲棍球圓盤的位置，而是冰上曲棍球圓盤接下來要去的方向。」所謂的冰上曲棍球圓盤就是冰上曲棍球使用的球。這句名言是冰上曲棍球名將韋恩．格雷茨基（Wayne Gretzky）的座右銘。他認為擺脫隊友與對手的集團，朝開闊的位置前進，球自然就會傳到手中。這句名言次次展現了他那自由不羈的比賽方式。

如果從賈伯斯的口中聽到「我們不要再陷於過去，一起開創未來吧」，即使這句話如此老套，你也一定覺得能夠成功吧。

最後的第三個重點則是**賈伯斯並非「從零開始創造」**。創業期的電腦是由全錄的帕羅奧多研究中心（Xerox PARC，現為帕羅奧多研究中心公司〔Palo Alto Research Center, Inc.〕）所發明的技術所組裝，至於後期的 i 系列也早就有相同的產品；不過賈伯斯讓這些產品更臻完美，也與其他的服務或內容形成「新組合」，藉此建立全新的產品線。說得簡單一點，賈伯斯是「猜拳習慣慢出」的高手。

**賈伯斯的厲害之處在於「讓產品進入社會」，以及讓產品的市場規模放大，成為全世界的新標準，而不是從零開始創造**。想必各位從賈伯斯的例子已經知道，所謂的「讓產品進入社會」，就是讓產品普及並成為新的實質標準。這是非常重要的一環，所以在下一章中將進一步說明。

賈伯斯的生涯徹底貫徹了熊彼得所定義的創新。

## 日本的創造性破壞代表——柳井正

話說回來，若問現代日本的創新高手，各位會想到誰？是軟體銀行的孫正義嗎？還是樂天的三木谷浩史？要我說，當以迅銷的柳井正會長兼任社長為首。

我曾是該公司的外部董事，與柳井正會長相處了近十

**柳井正**
**（1949～）**

迅銷會長兼任社長。

蘋果公司發動的「新組合」

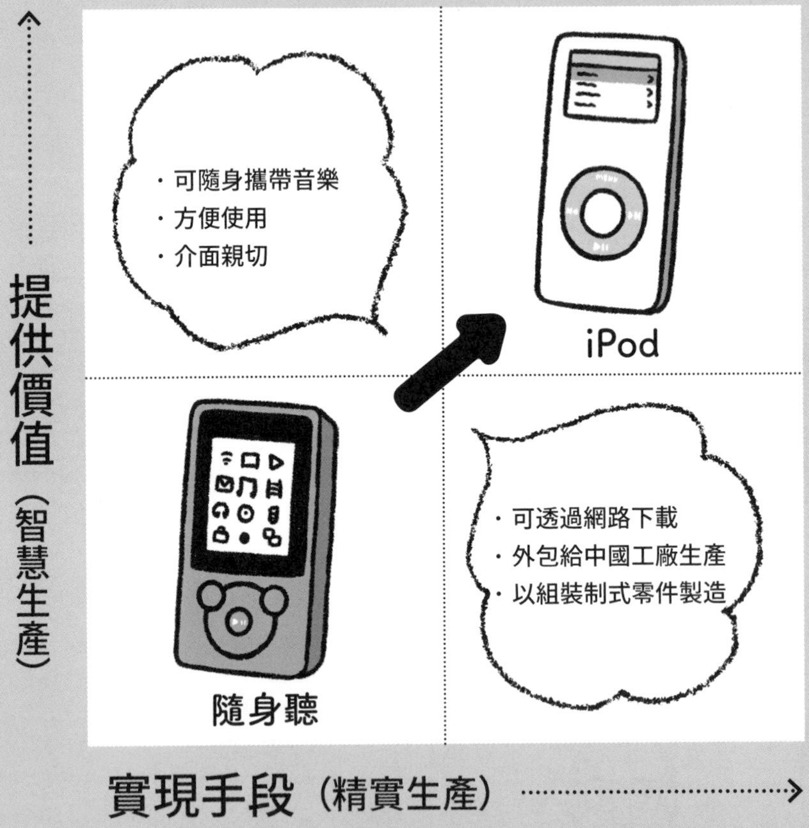
提供價值（智慧生產）
・可隨身攜帶音樂
・方便使用
・介面親切
iPod
隨身聽
・可透過網路下載
・外包給中國工廠生產
・以組裝制式零件製造
實現手段（精實生產）

年之久，所以或許不太客觀，但也正因如此，我才敢說柳井正會長的經營手腕，與熊彼得的概念不謀而合。

接下來為各位讀者列舉四項柳井正會長與熊彼得的共通之處。

**第一點，就是以顛覆常識為起點。**

柳井會長的志向便是「改變服裝、顛覆常識、改變世界」。聽起來很像是某種不切實際的幻想對吧？

不過，柳井會長是認真的。

以二十世紀的流行服飾概念而言，是將流行穿在身上，讓自己形象看起來更漂亮，快時尚正是這種流行服飾概念的典型例子。然而，進入二十一世紀之後，柳井會長卻希望改變消費者的價值觀，希望消費者能夠覺得「穿出自己的特色才酷」。足以充分表達這份期待的創新便是 LifeWear（UNIQLO 旗下的一個產品系列）。

**第二點，柳井會長是「新組合」的高手**。迅銷與日本公司東麗透過「開放式創新」，陸續催生了 HEATTECH 以及其他新商品。

近年來，迅銷稱自己這類業者為「資訊製造零售業」。ZARA這類SPA創造了「製造零售業」這種新產業。柳井會長希望讓數位技術進入SPA，打造服飾產業與資訊產業兩相融合的新型產業。

**第三點，隨時將創造性破壞放在心裡。**該公司的社訓「Change or Die」（不改變，就等死）蘊藏著柳井會長那股強烈的意志。

## 只想著業績的經營者無法得勝

柳井會長總是不厭其煩地對管理幹部說「不要只想著膨脹，而要持續成長」。

各位知道膨脹與成長的差異嗎？

如果只想著業績往上攀升，就是所謂的膨脹。

**開放式創新**

與其他公司或大學合作，採用不同業種、不同領域的技術、服務與資料，帶動產品開發、地區活化以及各方面的創新。

反觀真正的成長則是減去贅肉，讓資產汰舊換新。想必各位讀者已經知道，柳井會長完美地實踐了熊彼得口中的「新陳代謝」。

第四點，柳井會長的厲害之處在於對「左右開弓的經營模式」不屑一顧，**因為他知道，只有一心一意地在本業深耕，才能催生真正的創新**。

柳井會長也曾經慘遭滑鐵盧。二十年前，他曾創立FR Foods這間以SPA模式直銷蔬菜的公司，但最後慘澹收場，不得不認列八億日圓的特別損失。柳井會長曾寫了一本《一勝九敗》的名著，而這場失敗在「一勝九敗」之中，的確是一場出色的「戰敗」。

若是要向學到教訓的柳井會長提出多餘的新事業計畫，柳井會長肯定會聲色俱厲地說「沒空分心賺零用錢」。

可以說，柳井會長貫徹了杜拉克「深掘你現在所站之

**SPA**

全名 Speciality Retailer of Private Label Apparel，製造零售業是從服飾材質的企業、開發、製造、運輸直到銷售，全都一手包辦的意思。如此一來，就能快速滿足顧客的需求。

處，泉水就在你的腳下」這句教誨。

## 創造性破壞的本質

本章解讀了熊彼得的「創造性破壞」的本質。

各位覺得如何呢？

只有「破壞」既定的秩序，取出葬身其中的資產再加以重組，才是創造性破壞。「從零開始的創造」並非創新。最近那些流於浮雲的經營理論都忽略了這種「新陳代謝」才是創新的本質。

為什麼創新這麼困難？

這並不是因為創意不足。如果只是想得到靈感或創意，最快的捷徑就是請教不受常識限制的「局外人、年輕人與傻瓜」。如此創意本身就像是一種無用的商品（或是垃圾）。

書籍資訊

**一勝九敗**

**柳井正著**
**新潮文庫（2006 年）**

創新真正的困難之處在於要重組現有的資產，再讓資產擴大規模。一邊引入外部環境的資產，一邊重組自家資產是最困難的任務，因為現有的資產就是為了創造既定價值而存在，**要重組這些現有資產，需要智慧、勇氣與行動力，而這些正是創造性破壞的關鍵因素**。

我將這一切稱為「AX」（Asset Transformation，資產轉型），也就是資產變革。這是日本企業與整個日本都需要的最佳機會，這部分也將在下一章徹底介紹。

chapter 4

# 創新的關鍵為「新組合」

## 利用新組合，創造新價值

我們總算有機會了解熊彼得真正的想法了。這一章要介紹的就是「新組合」。

前面提過，熊彼得將創新定義為「組合未曾組合的元素，創造新價值的過程」對吧？這個「新組合」正是創新的必殺技。

**反過來說，只有「新穎、新鮮」**，不足以稱為創新。一如前一章所述，「從零開始的創造」並非創新。換言之，組合現存的元素，也就是「組合的新穎度」是第一個關鍵。

源自現有元素的新組合有無限多種。以機器人為例，「警察×機器人」就會變成機器戰警、「汽車×機器人」就會變成波力（Poli）救援小英雄、「貓咪×機器人」就會組成哆啦Ａ夢。

不過，如果僅止於此，那又將形成一座「垃圾山」。在熊彼得對創新的定義中，後半部分的「創造新價值」是第二個關鍵。能否創造新價值，決定新組合會是垃圾還是鳳毛麟角的創新。

換句話說，新組合是手段，新價值是結果。以傳統的經濟體系比喻，前者是供給，後者是需求，**能否形成新價值才是重點**。

一如第三章所介紹的，古典經濟學主張「經濟的需求與供給終將收斂於均衡點」，但是熊彼得將這種現象稱為靜態的經濟，只說明了相當片面的部分。創新是透過新組合創造新價值，透過創造破壞均衡，這也是熊彼得所提倡的動態經濟學。

新組合能開拓新型的社會經濟。要想突破成長的極限以及新冠疫情造成的混亂及後續影響，就必須徹底了解熊彼得口中的新組合以及新組合的本質。

## 創新的五種形式

那麼，到底新組合是何種形式呢？

熊彼得列舉了以下五種模式的新組合。

①提供新產品（商品）。
②導入新的生產方式。
③開拓新的銷售管道。
④獲得新的原料來源。
⑤打造新的組織。

第一個「製造新商品」應該不難理解才對。不過，其餘四種模式，也就是採購原料、生產與銷售產品這類價值鏈（Value Chain）的各個流程與組織形態，也是新組合的重點。

其實這部分的敘述在《經濟發展理論》的初版並未出現，直到一九二六年的修訂版才追加，而這「五種新組合」也才因此廣為人知。

## 新組合分成五種

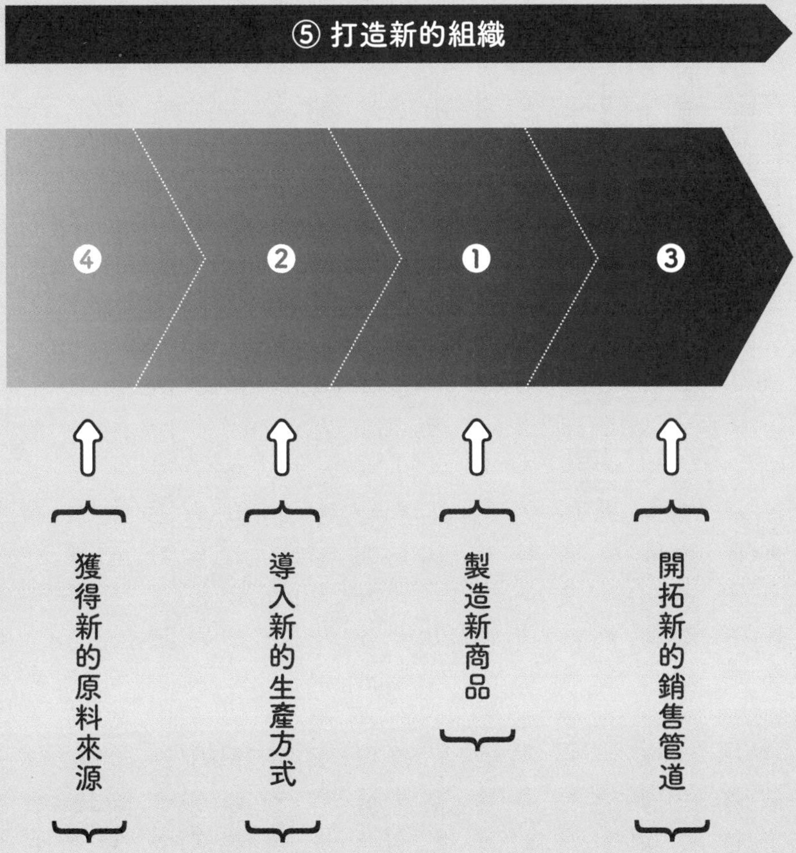

這些「新組合」到底是指哪些事情呢？

以①的商品與服務來舉例。

將馬車的馬換成引擎的新組合催生了汽車；讓汽車與車廂形成新組合，就催生了鐵路。熊彼得在這本著作中留下了「不管將多少輛馬車串在一起，也串不成鐵路」這句名言。

此外，⑤的新組織也有不同形態的新組合。

比方說，在熊彼得死後出現了麥當勞、7-ELEVEN這種以擴大規模為撒手鐧的加盟模式。這種加盟模式可以說是耶穌會這種自古存在的宗教團體的組織模式，與餐廳、零售店形成新組合的結果。

## 除了新技術，還要結合新通路

這五種模式的新組合蘊藏著三個重大訊息。

**第一個訊息是，創新不只來自「技術」**。開發新技術不過是催生新組合的手段之一，創新常被稱為「技術革新」，但其實這是再明白不過的誤譯。

堪稱熊彼得嫡傳弟子的彼得．杜拉克在其著作《創新與創業精神》曾如此敘述：

「創新是與經濟和社會領域相關的術語，而不僅僅是技術。」

杜拉克常掛在嘴邊的是美國發明家塞盧斯．麥考密克（Cyrus Hall McCormick）的例子。

塞盧斯．麥考密克因為在一八三一年發明了機械收割機，所以被譽為「現代農業之父」。他發明的收割機讓產能提升了五倍。到這個部分為止，都屬於典型的技術革新。

不過，他發明的收割機非常昂貴，大部分的農家都負擔不起，儘管買了這台機器就能大量收割，再以收入償還貸款。

於是麥考密克向農家提出分期付款的方式，也因此一舉打開市場。

在當時，分期付款的方式只見於買賣土地、房子與家具，**但麥考密克卻讓這種方式與銷售農業機器的領域形成新組合**。

這個例子屬於熊彼得口中的哪個類型呢？

①的技術開發固然是個開端，但從透過新型態的銷售方式擴大通路這點來看，③才真的是推動創新的動力。

## 不是著重於「技術」，而是「事業」

**第二個訊息是創新意味著創造「事業」**。此時的關鍵不在於開發「技術」而是開創「事業」，很多日本人都畫錯重點，將創新視為技術革新的過程。

創新的重點不在於做出商品，而是開創「事業」。

「在技術的部分取勝，卻在事業的部分一敗塗地的日本企業」像這樣自嘲的書籍，在這幾年到處可見。這類例子的確多不勝數，比方說，DVD領域、電動車領域或是其他領域，都有類似的例子。

### R&D與R&B

R&D → Research and Development 的縮寫。指的是研究與開發，有時簡稱為研發機構。
R&B →將 R&D 重新定義為「R&B」（Research and Business），積極讓研發與商業結合。

之所以會如此，全因未能正確了解熊彼得的思想，不知道創新的本質不在於開發技術（0→1），而在於讓商品轉換成現金（1→10）與規模化（10→100）。

對於R&D（研究開發）的過度期待正是其表徵。每每提到創新，不知為什麼日本人總覺得那是R&D的工作。

KANEKA化學品製造公司或味之素這樣的先進企業，已將R&D的工作轉交給R&B，而這正是R（研究）與B（商業）這兩種機能的新組合。

只有讓研究與商業，也就是讓技術與事業融合，才算是真正的創新，日本企業逐漸開始注意到這點。正因為過去長期忽略了這點，之後的發展值得期待。

## 創新是源自生產端，還是源自市場？

第三個訊息則是，創新源自企業自發的努力，與前一章提到的「你就是主角」是同樣的意思。新組合的主角就是每一間企業。

熊彼得在《經濟發展理論》如此說道：

「經濟領域的革新並不是當消費者之間產生了新的欲望，而這份渴望迫使生產機構轉換方向的過程……而是生產端啟發消費者，讓消費者產生新的欲望，所以從最初開始，經濟領域的革新都是於生產端啟動的。」

換言之，啟動權、主導權都握在生產端，也就是企業端手上。這聽起來很刺耳對吧？因為聽起來就像是生產端或企業端讓想法具體成形後，才能產生新的價值，也就是創新。

不過，聽到這裡，各位讀者應該滿腦子都是問號吧？**這種供給端僅憑一己想像所生產的產品，真的賣得出去嗎？**這豈不是「在技術取勝，在事業失敗」的日式典型失敗嗎？

其實杜拉克曾針對這點提到「要觀察市場的需求」，

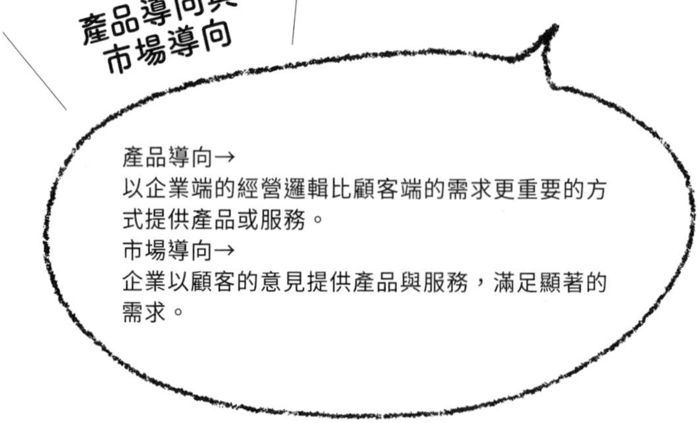
產品導向與
市場導向
產品導向→
以企業端的經營邏輯比顧客端的需求更重要的方式提供產品或服務。
市場導向→
企業以顧客的意見提供產品與服務，滿足顯著的需求。

也將創新定義為「不該從供給端思考，而是該從消費端思考。換言之，要改變消費者的價值觀與滿足度」。

所以創新真的如熊彼得所說的，是源自供給端嗎？還是說，如杜拉克所說，消費端才是主角呢？

在過去，前者稱為「產品導向」（Product Out），後者稱為「市場導向」（Market In），最近則已從產品導向轉型為市場導向為主流。這個意思是，熊彼得被時代淘汰了嗎？

在距今一百年左右，與熊彼得同一時代的凱因斯曾提出，透過人工創造需求來作為恢復景氣的處方箋，而這也屬於市場導向的做法。或許，熊彼得從一開始就錯了？

## 真正的創新是提早滿足「顧客潛在的需求」

「話說回來，將重點放在需求還是供給，根本就問錯問題了。」想必熊彼得會如此回答吧。

因為熊彼得早就一語道破「供給端應該事先提出顧客尚未察覺的需求，才能創造新的需求」，這種模式既屬於產品導向，也屬於市場導向。

附和顧客的顯著需求不過是種「翻新」（Renovation）。**真正的創新藏在挖掘顧客潛在需求的過程中**。這才是熊彼得口中的創新。

機械零件代購商三住集團（MiSUMi）創辦人田口弘曾創造「Market Out」這個新單字，意思是要創造市場，而不是製造商品，這個概念完全符合熊彼得口中的創新。

我將以顧客為主軸的創新稱為 CXn.0，而這個 CXn.0 分成好幾個階段。

第一階段的 CX1.0 為 Customer eXpectations，意思是「預測顧客的期待再提供商品」。不過，儘管顧客已經意識到自己想要的是什麼，目前提供商品與服務的方法仍局限於產品導向。

第二階段的 CX2.0 則是 Customer eXperience，也就是提供顧客體驗價值。**最近非常流行透過數位科技與顧客共創體驗便屬於這個領域**。不過，這部分仍屬於市場導向的範疇。

## 讓以顧客為主的創新進化

1

**CX1.0** Customer eXpectations

預測顧客的需求再提供商品

⇩

**仍屬於產品導向的範疇**

2

**CX2.0** Customer eXperience

提供顧客體驗

⇩

**仍屬於市場導向的範疇**

3

**CX3.0** Customer Transformation

將顧客帶往理想的未來

⇩

**邁向**
**Market Out 吧！**

CX3.0則是Customer Transformation。也就是引導顧客走向理想的未來。這不是單單滿足顧客的需求，而是啟發顧客，讓顧客看到不曾夢想過的世界。只有這樣才算是Market Out，才是真正的創新。

熊彼得並未被時代淘汰，也沒有任何錯誤，他超越了漫長的時間，看到了正確的未來。世界總算在一百年之後，才跟上熊彼得的腳步。

## 顧客接下來想要什麼？

透過腦力激盪，要想到幾種新組合都可以，真正的困難在於如何創造**顧客尚未察覺的價值**。

如果無法成為顧客想要的價值，這種新組合不過是失敗的Product Out，若能創造新價值，則是成功的Market Out。兩者僅有一線之隔，也決定了是否為真正的創新。

要預測前所未有的價值當然不容易，其難度有時甚至令人想利用水晶球或請占卜師預測。

那麼該怎麼做才能提高成功的機率呢？

熊彼得在《經濟發展理論》中點出了幾個提示。

第一個就是高舉自己的「志向」，並以志向為主軸。

熊彼得將這件事稱為「擁有找出故事的眼光」。這是創造價值絕對不可或缺的部分，**因為「讓創意具體成形的人」會忍不住跟隨從內心湧現的想法（志向），進而創造前所未有的東西，這也是這類人的快樂泉源**。

文藝復興時期雕刻家米開朗基羅（Michelangelo）留下了「我在大理石中看見天使，於是我不停地雕刻，直至使他自由」這句名言。要想創新，就必須擁有類似藝術家的眼光，從未開發市場（大理石）中找出被禁錮的天使（價值）。

第二個提示是思考所有的可能性。

為此，就不能讓自己陷入常識與慣例。熊彼得曾說**「沒有前例不構成不採取行動的理由」**。

第三個提示是，建立假設之後，就不要想太多，立刻採取行動。

熊彼得將企業家稱為「採取行動的人」。採取行動之後，顧客才有機會回饋。這種驗證假設的過程，才是真正符合科學的方法。

第四個提示是將自己的想法完整傳達給顧客。**熊彼得更說到「重要的是，試著說服顧客使用產品，必要時甚至得強迫顧客使用」**。我們不該一味地諂媚客戶，被顧客的欲望牽著鼻子走，而是要啟蒙顧客，這才是創新者的使命。

前面介紹的史蒂夫·賈伯斯與柳井正都忠實地實踐了這一連串的行動，而我們每個人只要有心，也能辦得到。

創造未來與價值不需要施展什麼特殊的魔法，只要近乎愚蠢地實踐熊彼得口中那些理所當然的事情即可。

為什麼我們無法實踐如此簡單的原理或原則呢？

這部分將於下一章的「成為企業家吧！」深入探討。

## 帶動了工業革命的「新組合」

**熊彼得曾提到「新組合有時會同時誕生」**。這是為什麼？

答案是，當企業家成功催生新組合，就會陸續出現模仿者，需求也會因此如湧泉噴現，衍生出更多創新。新組合向來是叢生的，而且會讓世界瞬間巨變。

其實稍微爬梳一下歷史，就不難明白原因為何。

在十八世紀到十九世紀初期，輕工業藉著蒸汽機的新組合，得以大幅加速機械化，這就是第一次的工業革命。應該有不少人曾在教科書讀過這段歷史。

在五十年後的十九世紀後期，與重工業的新組合讓鋼鐵與鐵道的時代到來。這是第二次的工業革命。

在進入二十世紀前期之後，各個地區又透過石油與電力的新組合，出現了電力或汽車這類型的產業，這就是第三次工業革命。

後續的第四次工業革命則於二十世紀後期出現，主要是由 IoT（物聯網）與AI（人工智慧）的新組合推動，汽車產業也準備迎來「百年一次的大改革」。

如今，由生物科技與ＩＣＴ（資訊通訊）技術的新組合催生的第五次工業革命也即將開始。

熊彼得發現這種新組合的叢生現象對社會與經濟造成三大影響。

第一種影響就是這些新組合雖然能讓景氣好轉，但景氣也會因為供給過剩而下滑。換言之，新組合叢生的現象會造成景氣波動。

第二種影響是前所未有的新組合會帶動另一波景氣波動。這就是「景氣循環論」。

所謂的波動分成短期、中期與長期。熊彼得將長期的波動預設為以五十年為一周期，並將這個周期命名為「康德拉季耶夫周期」。這個景氣循環論將於第七章進一步說明。

**IoT、生物科技、ICT 技術**

IoT → Internet of Things 的縮寫，一般譯為物聯網，指的是過去未連上網路的產品也能連上網路。
生物科技→應用生物各種機能的技術。這類技術所包含的範圍非常廣泛，例如基因改造技術、再生醫療技術都是其中一環。
ICT 技術→ Information and Communication Technology，資訊通訊技術。指的是個人電腦、智慧型手機或是透過各種型態的電腦，進行的資訊處理技術或是通訊技術。

## 新組合帶動「工業革命」，讓世界為之變動

| 時期 | 結合 | | 結果 |
|---|---|---|---|
| 第一次工業革命（18 世紀～19 世紀） | 與蒸汽機的結合 | ⇨ | 紡織工廠機械化 |
| 第二次工業革命（19 世紀後期） | 與重工業、化學工業結合 | ⇨ | 鋼鐵、鐵道、電信 |
| 第三次工業革命（20 世紀前期） | 與石油、電力結合 | ⇨ | 電力、汽車、石油 |
| 第四次工業革命（20 世紀後期～21 世紀） | 與 IoT 或 AI 結合 | ⇨ | 電子產品和核能 |
| 第五次工業革命（現在） | 與生物科技、ICT 技術結合 | ⇨ | 基因工程或機器人技術等 |

### 規模經濟

不斷擴大生產規模，每件商品的製造成本就會跟著下降的意思。

第三個影響則是社會與經濟最終將對最初的新組合所帶動的創新失望。這與「資本主義將因其成功而毀滅」的預言前後呼應。

這就是資本主義總有一天會行至末路的說法。這部分將會在第八章討論。

## 「異質性」的組合蘊藏著莫大的力量

由於我們的進度稍微超前了，讓我們將話題拉回新組合這個現象。

請各位讀者回想一下在國中數學課學到的「排列組合」。當集合越展越開，組合的數量也越來越多。在大量的組合之中，哪些是屬於創新的組合呢？

若是讓同質的商品組合，可有效強化商品在相同市場的存在感，營造所謂的「規模經濟」（Economies of

Scale），卻無法催生新價值。

德國哲學家黑格爾曾主張「量將轉化為質」，這就是「質量互變規律」。

**不過，這裡的「量」並非增加同質的東西。**相同的東西增加再多，也無法觸發質量互變現象。在黑格爾的辯證法之中，將不同的東西超越對立，朝向更高次元發展的運動稱為「揚棄」（Aufheben）。意思是，同質的東西不管增加再多，也無法觸發質的轉化。

黑格爾也提到，異質的東西「中和」將產生「跳躍」，而熊彼得將這個「中和」稱為「新組合」，同時將「跳躍」稱為「創新」。

異質的東西匯聚將產生「範疇經濟」（Economies of Scope），只有這股磁場才是創新的原動力。

換言之，要觸發創新，就必須讓異質的東西進行新組合。我將這種過程稱為「異組合」，因為需要的是異質性，

**範疇經濟**

讓多種事業組合之後，產生新價值，同時讓商品或服務的單位成本下降。

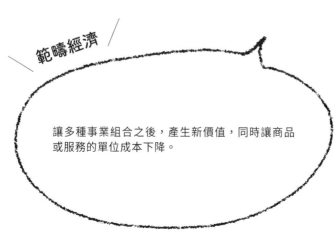

而非同質性。

一如第一章所述，進入數位時代之後，這種異組合已是司空見慣的日常。

不過，食品科技、醫療科技、金融科技這類與科技有關的技術，不過是異組合的前哨戰，只是數位科技與傳統產業的「新組合」而已。

另一方面，透過這些數位技術讓資訊轉換成0與1的位元，就能開創完全不同的世界，因為當異質的產業進行「異組合」，就能創造前所未有的新價值。比方說，當食品、健康與保險進行異組合，就能發明健康促進型綜合方案。

只有這種有價值的「異組合」，才是打開創新之門的鑰匙。

數位化社會也將是透過異組合觸發創新的寶庫。

## 真正的「開放式創新」所需的五個要件

進入二十一世紀之後，「開放式創新」受到全世界的矚目。

催生這項概念的是加州大學柏克萊校區（University of California, Berkeley）的亨利・伽斯柏（Henry W. Chesbrough）教授。他曾親口告訴我，在二〇〇〇年的時候搜尋開放式創新，還找不到任何與經營有關的內容。不過，自從他出版了《開放式創新》（*Open Innovation*）之後，開放式創新便瞬間爆紅，在二〇二二年的時候，點擊率已超過三十億次。

開放式創新在日本也大行其道，不過，成功機率卻出乎意料的低，堆出了一座又一座名為開放式創新的「垃圾山」。各位知道個中原因嗎？

這個問題的答案無法從解剖失敗案例的屍體得知；**反之，從少數的成功案例找出開放式創新的成功要件才是捷徑。**

以前面提到的蘋果公司或是迅銷為例，這兩間公司的創辦人都是開放式創新的高手。蘋果公司建立了與超一流的公司合作的制度；迅銷則透過與東麗的合作，開發了HEATTECH以及各種創新商品。

書籍資訊

**經營改革大全**
**——讓企業毀滅的 100 個誤解**

**名和高司著**
**日本經濟新聞出版（2020 年）**

透過 100 個通例與個例，指出各種經營模式常見的錯誤，以及糾正這些錯誤的方法。

讓我們試著從這兩個成功案例思考開放式創新的成功要件。總共可以找出下列五個成功要件。相關細節請參考拙著《經營改革大全～讓企業毀滅的100個誤解》（経営改革大全～企業を壊す100の誤解）。

**①累積其他公司沒有的資產。**
**②找出自家公司不擅長的領域，並在擅長的領域與超一流的公司合作。**
**③除了與其他公司截長補短，更透過互相砥礪與切磋的方式，共創真正的綜效（Synergy Effect）。**
**④除了自己與合作的公司之外，還要吸引其他公司參與市場，擴大事業規模。**
**⑤動態監控與其他公司之間的利害關係。**

接著為各位讀者依序說明這五個要件。

**①累積其他公司沒有的資產。**

其實大部分的開放式創新在第一個要件就會受挫。話說回來，開放式創新本來就需要向外部借用智慧，所以看起來很像是拜託別人完成一切，**但反過來說，只有當自己價值不凡，才能促成開放式創新。**

假設自己只是二流的水準，就只能與二流以下的對象合作，然而二流乘二流，只會得到四流的水準，所以一開始就已經分出勝負。未具備超一流核心競爭力的企業，本來就沒有奢談創新的資格。

**②找出自家公司不擅長的領域，並在擅長的領域與超一流的公司合作。**

這部分屬於熊彼得口中的新陳代謝，也是之前介紹過的「減法思考」。

如果無法決定該放棄的領域，不是與其他公司做同樣的事，就是與其他公司互相競爭而已。一旦被其他公司發現，你只是想將對方的祕訣挪為己用，其他公司就會提防你，你也無法觸及原本想要的資產。

**③除了與其他公司截長補短，更透過互相砥礪與切磋的方式，共創真正的綜效。**

在③這個成功要件受挫的例子可說是數不勝數。如只能產生1+1=2的合作方式，那不過是互相截長補短的關係，一般的交易往來過程也能建立這種關係。既然要創新，就得追求呈幾何級數成長的效果。

為此，必須先累積屬於自家公司的資產（前述的①）、全心全意地信賴對方（前述的②），建立互相奉獻的關係。走到這一步，才算抵達熊彼得口中異組合的起點。

不過，若是在抵達③之後就洋洋得意，便無法創造更大的成果。接著該做的是下一步。

**④除了自己與合作的公司之外，還要吸引其他公司參與市場，擴大事業規模。**

這一步非常關鍵，也就是讓其他公司參與市場，盡力擴大事業規模。只有成功擴大規模，才算是達成熊彼得口中的創新。

能走到④這個地步固然理想，但絕對不能忘記的是，這樣的關係其實非常不穩定。就算建立了雙贏的關係，彼此在經營上的優先事項或是看待風險與回報的角度不同，就很難像剛開始合作的蜜月期那般親密，所以⑤是最後也最重要的關鍵。

**⑤動態監控與其他公司之間的利害關係。**

雙方都需要具備動態深化關係的技巧。這種時間軸的管理正是熊彼得式創新的精髓。

以上的五個成功要件都是相當困難的任務。在想盲目搭上「開放式創新」這股風潮之前，務必先想想熊彼得的教誨。

## 先將自己的強項分成三大類

真正的創新需要卓越的組織能力。各位是否能夠了解熊彼得大聲疾呼「創新是由內而外的努力」的理由了呢？

為了幫助各位讀者進一步了解，請大家先記住所謂的創新是指**「充實內部，再往外部發散的過程」**。了解這種雙重構造，正是促成異組合的起點，硬要說的話，也是觸發創新的起點。

那麼該如何充實內部呢？請大家先試著依照下頁的圖，檢視自家公司的資產，同時將資產分成三大類。我把這個過程稱為「資產三片切」（將魚剖成三片的比擬）。

# 創新所需的內部充實

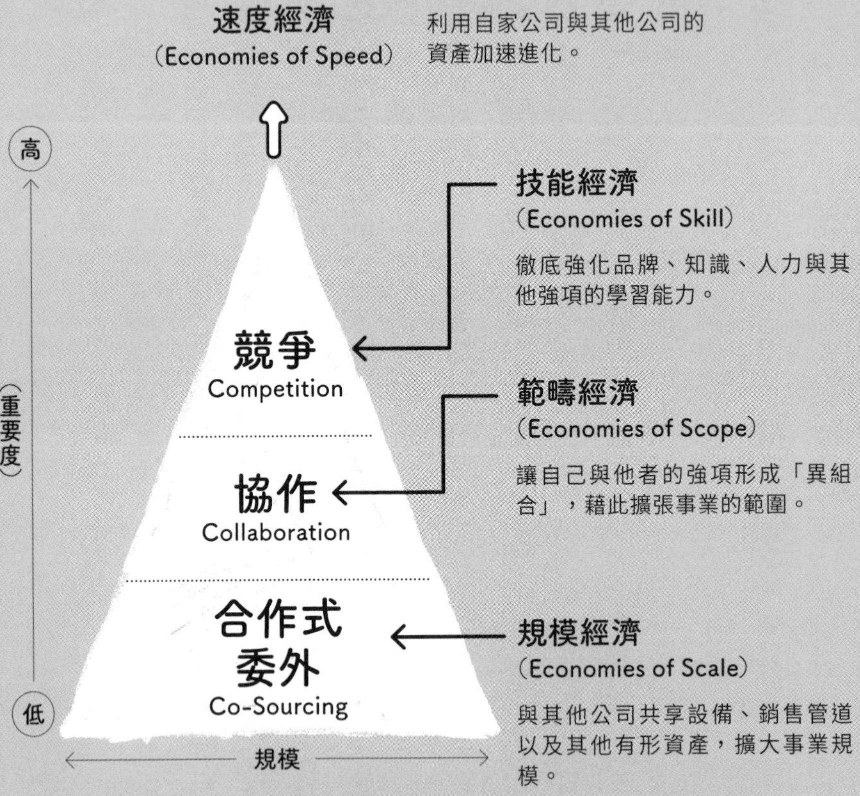
速度經濟
（Economies of Speed）
利用自家公司與其他公司的資產加速進化。
高
技能經濟
（Economies of Skill）
徹底強化品牌、知識、人力與其他強項的學習能力。
競爭
Competition
範疇經濟
（Economies of Scope）
讓自己與他者的強項形成「異組合」，藉此擴張事業的範圍。
（重要度）
協作
Collaboration
合作式委外
Co-Sourcing
規模經濟
（Economies of Scale）
與其他公司共享設備、銷售管道以及其他有形資產，擴大事業規模。
低
規模

由上而下的分類依序為「競爭」、「協作」與「合作式委外」。

各位讀者覺得上述三項資產之中，哪一項最重要？

**答案當然是屬於最上層的「競爭」的資產**，也就是品牌、知識、人力這些無形資產。這是自家公司特有的資產，也是公司的核心競爭力，當然得不斷地強化與累積，若是稍有懈怠，別說是開放式創新，公司恐怕都難以生存下去。

**最下層的「合作式委外」則是設備、銷售管道這類有形資產**。自家公司不一定得備齊這些有形資產，尤其在這個數位時代裡，與其他同業共享資產，就能創造規模經濟。

中間的「協作」則是實踐開放式創新的領域，也是**讓自家公司的強項與其他業種的強項進行異組合，創造範疇經濟的領域**。

從下層的「合作式委外」一步步進入上層的「競爭」之際，資產也將從有形轉換成無形，有趣的是，這些資產都會因為對其他企業的行動造成影響而強化。

請各位讀者試著將自家公司的內部資產像這樣分成三大類。如果能在這些領域經營得宜，就能從這些領域得到不同的經濟成效。若是依照由上而下的順序解釋，所謂的經濟成效分別是指技能經濟、範疇經濟與規模經濟。

之前提過了規模經濟與範疇經濟，各位讀者可能沒聽過這裡提到的「技能經濟」。**在知識經濟、知識管理的領域之中，最能創造價值的是掌握知識的能力，也就是學習能力，而不是知識本身**。我將透過學習能力創造的經濟成效稱為「技能經濟」。

如果能夠像這樣分成三大類，進行多層次的經營，就能創造比一手包辦一切更具優勢的速度經濟。此時可隨心所欲地運用自家公司與其他公司的資產，所以進化的速度會越來越快。我們需要的是讓速度經濟與其他三種以S為字首的經濟成效融合為「$S^4$經濟」的經營能力。

為了擁有這樣的經營能力，就必須擁有資產轉型的能力。如同前一章也提過，要促成異組合，就必須試著把自家公司的資產切成三大類再進行重組。

## 強化「編輯力」是關鍵

內部整頓完畢之後，接著就是向外部推動新組合。

創新，也就是「異質」組合的主戰場，就是三角形中層的「協作」領域，這點想必不需要多做解釋了。最下層「合作式委外」層的規模經濟，只需要與同業合作就能實現，但也因為是「同質」組合，所以不太有機會觸發創新，這點也在前面介紹過了。

一如前述，要促成異質組合必須滿足五個成功要件，組織也必須具備高度能力。其中的關鍵不只在於糅合異質資產的能力，還有催生加乘效果的能力。一言以蔽之，這就是所謂的「編輯力」。

各位讀者知道松岡正剛這位思想家嗎？

他是我最為敬畏的日本現代思想家之一。

松岡先生的專業為「編輯工學」。

他認為所謂的編輯就是「解讀目標資訊的結構，再以新設計讓該資訊得以重新應用。」（《知識的編輯學：日本編輯教父松岡正剛教你如何創發新事物》〔知の編集工学～情報は、ひとりでいられない」，經濟新潮社，二〇二一年）。建立制度，

解讀各種資訊的異質性與相關性的專業知識就稱為「編輯工學」。

關於松岡先生的思想可參考拙著《志向經營～從30年後的觀點看現在》（パーパス経営～30年先の視点から現在を捉える）。

松岡先生認為日本培育了獨特的編輯能力，他在最新著作《日本文化的核心～解讀「日式風格」》（日本文化の核心～「ジャパン・スタイル」を読み解く）之中，將這種編輯能力稱為「日式篩選器」。

松岡先生指出，日本人在編輯資訊時，會使用獨特的「篩選器」，因為日本人總是以複眼或是動態的方式觀察事物。

松岡先生提出的「日式篩選器」共有下列九項特質。

書籍資訊

**志向經營**

**～從 30 年後的觀點看現在**

**名和高司著**
**東洋經濟新報社（2021 年）**

本書提倡的「志向經營」源自人們的志向，而志向是眼不能見的資產。本書說明了追求志向、持續成長所需的經營理念以及具體的管理方法。

①**雙重模式**：也可以說是聯想力。

②**反轉模式**：不局限於單一面向，總是考慮對比與對立的情況。

③**包容與接納**：同時接納這些對比與對立，不做任何篩選的能力。

④**內化**：讓異質的事物改頭換面再引入的手法。

⑤**常規化與不拘常規**：讓事物常規化的學習能力與顛覆常規的學習能力。

⑥**間的思想**：在「空間」或「時間」這類「留白」中發現價值的能力。

⑦**柔性構造**：「柔韌，但不柔弱」這種日本特有的韌性。

⑧**不、未的美學**：以枯山水為代表的「減法美學」。

⑨**遊牧性**：重視邊界（邊緣）與漂白（過渡）的習性。

書籍資訊

## 日本文化的核心
～解讀「日式風格」

**松岡正剛著**
**講談社（2020 年）**

以獨創的方法論挖掘日本文化本質。是「松岡日本論」的集大成之作。

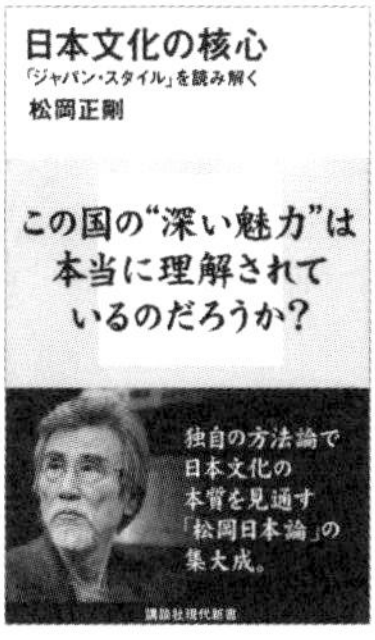
日本文化の核心
「ジャパン・スタイル」を読み解く
松岡正剛
この国の"深い魅力"は
本当に理解されて
いるのだろうか？
独自の方法論で
日本文化の
本質を見通す
「松岡日本論」の
集大成。
講談社現代新書

松岡先生提到，①至⑨所需的資質就是資訊編輯力。所謂的「原創」並非從零開始，而是「重新組合」，意思就是原創的事物源於重新編輯異質物的過程，這與熊彼得口中的創新可說是完全一致。

自古以來，日本人就盡情地發揮了這種資訊編輯力。這就是所謂的日式風格，也是日式篩選器的本質。

松岡先生曾說，每個人都與生俱來擁有「編輯子」（Editon），意思是大腦之中有部編輯機器，特別習慣找出異質物的相關性，再靈活地組合這些異質物的日本人，應該擁有絕佳的編輯力。

他也十分遺憾地說，日本人的這項編輯力在近年大幅退化，起因為太過草率地接受外來的概念與風格。日本的「老派風格」被大眾遺忘，只想著讓別人幫忙「按讚」，「重新組合」這項日本人向來擅長的日式創新與能力也蕩然無存。

這不只是生活、文化、教育或是價值觀出了問題，因此我們才要趁現在，以「編輯力」在社會經濟與經營模式重新建立（重新組合）新日式風格。

為了實現這個目標，我們必須謙虛地向一百年前的熊彼得學習，重振日本特有的創新方式。

## 異組合的高手貝佐斯

這世上有位「異組合」而非「新組合」的高手。他就是亞馬遜創辦人傑夫・貝佐斯（Jeff Bezos）。有興趣的讀者請務必閱讀暢銷書《創造與漫想：亞馬遜創辦人貝佐斯親述，從成長到網路巨擘的選擇、經營與夢想》（*Invent and Wander: The Collected Writings of Jeff Bezos, With an Introduction by Walter Isaacson*）。

貝佐斯常因他那特立獨行的作風而受到關注。比方說，他在寄給員工的電子郵件之中，提到在亞馬遜成功的三個條件。

**「長時間工作、拚命工作、聰明工作。」**

對於改革工作方式這股風潮方興未艾的日本而言，這

書籍資訊

**創造與漫想**

亞馬遜創辦人貝佐斯親述，
從成長到網路巨擘的選擇、
經營與夢想

**傑夫・貝佐斯著**
**趙盛慈譯**
**天下雜誌（2021 年）**

亞馬遜創辦人傑夫・貝佐斯曾透過〈寫給股東的信〉說明自己對於工作與未來的看法，而這本書正是解讀這些看法的書籍。

種想法非常不受歡迎。不過，貝佐斯認為不該把重點放在「工作與生活保持平衡」，而是該大膽地主張「工作與生活融合」，因為這才是符合二十一世紀的生存之道。這種不隨波逐流，預判未來與洞察本質的能力，無異於熊彼得的思想。

自從創立亞馬遜之後，貝佐斯就不斷地推動異組合，比方說，讓現實世界的門市與線上門市進行異業結合，讓零售與金融進行異業結合，最近也不斷推動媒體、醫療以及航太事業的異業結合。

貝佐斯的異組合有其基本模式。那就是他在《創造與漫想》之中提到的「人文科學╳科技╳商業」。

「他不斷收集那些記載著偉大的科學、探險與發現的瞬間的歷史遺物，並且讓金融知識與他那股對人文科學的愛與科技的熱情結合。正是人文科學、科技、商業這三者的組合，讓貝佐斯成為我們這個時代最成功、最具影響力的創新者。」

在日本方面，正不斷地鼓吹現今甚為流行的STEM教育有多麼重要。所謂的

STEM是Science（科學）、Technology（技術）、Engineering（工程）、Math（數學）的縮寫，總括來說，就是「數理教育」，但只是這樣的話，無法推動任何異組合。矽谷早在十年前就在STEM追加了A，切換成STEAM教育，也就是在STEM加入Art（藝術）這個人文科學的項目。

要在商界發動創新，就需要STEAM教育。一如貝佐斯告訴我們的，「人文科學╳科技╳商業」的異組合正是推動創新的關鍵。

## 創造機會的瑞可利創辦人江副浩正

各位聽過江副浩正這位經營者嗎？

他是在一九六〇年創立瑞可利（RECRUIT）公司的經營者。

瑞可利從徵才廣告起步，之後接連展開人才派遣、促銷、IT（Information Technogy，資訊科技）方案這些事業。可惜的是，一九八八年爆發了董事長江副浩正向政界要角贈送未上市股票的瑞可利醜聞，壯志未酬的江副先生也被迫離開現職。

醜聞爆發之後的瑞可利慢慢振作，如今依舊是足以代表日本的超級成長企業。

江副先生與貝佐斯有個令人意外的連結。

江副先生於一九八七年併購了貝佐斯在創立亞馬遜之前服務的華爾街新創企業Fitel，意思是，在名義上，江副先生曾是貝佐斯的老闆，該期間大約一年左右。這部分的來龍去脈可參考《創業天才！江副浩正 創立8兆日圓企業瑞可利的男人》（起業の天才！～江副浩正 8兆円企業リクルートをつくった男），其中有詳盡的描述。

由於江副先生已於二〇一三年辭世，所以我無從確認他是否讀過熊彼得的作品，但身為熊彼得嫡系弟子的杜拉克非常喜愛熊彼得的著作。

對杜拉克著作《成效管理》（*Managing for Results*）極有共鳴的江副先生也因此撰寫了「瑞可利經營理念與社訓十章」。其中最能體現瑞可利精神的便是「自行創造機

**江副浩正**
**（1936～2013）**

瑞可利公司創辦人。

會，透過機會改變自己」，寫著這句社訓的藍色牌匾就好像放在所有員工的桌上，完美地貫徹著。

江副先生留下了《瑞可利的DNA～創業精神為何？》（リクルートのDNA～起業家精神とは何か）這本名著，而本書的主旨則引用了「我們無法控制變化，能控制的只有先採取行動」這句杜拉克的名言。

**他的意思是，創造機會的正是他們自己。**此外，預判變化，早一步促成異組合，也是江副的拿手絕活。這些名言簡直像是跳過杜拉克，由熊彼得直接傳授的概念。

## 透過「編輯力」，實現持續創新與成長

瑞可利這間公司不斷地實現了各種異組合。其基本心法就稱為「蝴蝶結模型」（The Ribbon Model）。

「蝴蝶結模型」的本質就是在消費者（顧客）與業者

書籍資訊

**瑞可利的 DNA**
～創業精神為何？

江副浩正著
角川書店（2007 年）

**成效管理**

彼得．杜拉克著
陳琇玲譯
天下文化（2001 年，絕版）

**創業天才！江副浩正**
創立 8 兆日圓企業瑞可利的男人

大西康之著
東洋經濟新報社（2021 年）

（客戶）之間建立節點。瑞可利為了讓兩者能夠成功配對，打造了許多讓雙方「邂逅」的場合，所以蝴蝶結模型可說是讓需求與供給配對的市場製造模型。

瑞可利之所以能在醜聞之後大幅成長，關鍵在於「瑞可利方法」這個原創的方法論開花結果。這是與前述的松岡正剛先生一起將瑞可利的編輯力規格化的結晶，是與「編輯高手」異業結合，促成組織創新的絕佳實例。

那麼瑞可利是如何培養讓這些得以實現的「編輯力」呢？

前陣子在瑞可利擔任內部新業務開發系統 Ring 事務局長的前瑞可利資深員工岩本亞弓小姐，以「評估」、「準備」、「行動」這三個詞來說明。這三個詞等同於0→1（開發）、1→10（轉換成現金）、10→100（規模化）這三個步驟。

據說瑞可利在這三個步驟分別有兩種關鍵技巧，這些技巧也整理成下一頁的圖表。雖然未能進一步介紹，但這就是瑞可利獨有的編輯力，也是瑞可利得以成功創新的關鍵。

為了實現異組合，就必須仿照瑞可利的模式，培養專屬自己的編輯力。**當這個編輯力融入組織的DNA之後，才有機會接連成功創新。**

## 瑞可利的業務開發與熊彼得的三個步驟有異曲同工之妙

| | 熊彼得 | 瑞可利 |
|---|---|---|
| STEP 1 | 0 ⇨ 1<br>開發 | 評估<br>・分析構造，俯瞰構造的能力<br>・透過分析描繪問題輪廓的能力 |
| STEP 2 | 1 ⇨ 10<br>轉換成現金 | 準備<br>・建立接近事實的假說<br>・建立流程的能力 |
| STEP 3 | 10 ⇨ 100<br>規模化 | 行動<br>・提出遠景的能力<br>・掌握人性，領導人才的能力 |

（根據 https://stockmark.co.jp/coevo/20200627 製作）

## 打造出真正的多元化

想必各位讀者已經明白，均質的組織無法推動創新。為了推動異組合，就必須先讓自家公司的組織成為各種異質知識的集合體。

近年來，到處都在強調「多元化特質」的重要性，但大部分都是流於表面，只有國籍、性別、年齡具備多元化而已。只不過，與之前的「日本人、男性、昭和年代」這種單一模式相較之下，表面的多元化也算是一大進步。

**今後必須更深入地多元化，打造在價值觀、經驗、技巧等無形部分的多元化特質**。許多先進的企業都已經調整路線，朝這種真正的多元化特質發展。

不過，多元化特質只是表面的現象。如果只是為了做表面工夫，隨時都能營造多元化的假象，比方說，各位讀者的公司可能也有符合「女性」、「平成年代」、「外國人」這類多元化特質的人才對吧？

有些企業為了建立制度，讓員工的經驗或技巧更具多元化特質，而採用了歐美常見的工作（Job）型雇用[14]型態，但這種做法充其量只是鸚鵡學舌，無法學到精髓。

這種做法與「左右開弓的經營方式」一樣，都是一種「致命的疾病」。

各位知道為什麼嗎？

有時候我們會需要借助專家的特殊經驗與技巧對吧？但是要推動創新，就必須讓這些特殊經驗或技巧與企業特有的能力產生異組合。如果只是截長補短，無法創造幾何級數的效果。

## 「工作型雇用」不能只是表面

只是做做表面工夫，強調多元化特質與工作型雇用的企業，無法留住優秀的人才。因為這些人才若想憑一己之力一決勝負，會不斷地「換工作」，尋找更好的機會，離開缺乏魅力的公司。這就是目前十分流行的「自由工作者」的生存方式。

埃森哲顧問公司（Accenture）將這種企業稱為「旋轉門企業」，因為優秀的人才就算不小心進入這種企業也會立刻離開。

14 工作型雇用是偏向歐美型態的雇用形式，重視針對工作內容所需的能力，而不是學歷或是年紀。這種模式與日本傳統的「會員（Membership）型雇用」的「終身雇用」或「年功序列」制度有顯著不同。

**當優秀的人才覺得能以企業特有的組織能力為槓桿，創造一己之力所無法創造的巨大價值時，才會願意留下來**。要想留住優秀的人才，組織是否具有「多元共融」的特質是關鍵。

異組合的重點不在於「異」，在於「組合」，因為「異」的部分多不勝數。只有讓異質物之間產生化學反應的編輯力，才能創造多元共融的特質。埃森哲顧問公司總是強調與日本常識相反的「多元共融」。缺乏共融性、無法讓具有多元性的員工參與異組合的企業，不管再怎麼強調多元性，也無法推動真正的創新。

一如松岡正剛先生鞭辟入裡的意見，日本自古以來就對於「和」，也就是「共融」的部分十分擅長，而且「會員型雇用」既是日本企業的強項，也是歐美企業最為忌憚之處。

其實日本企業也該早早從追求多元化特質或是工作型雇用這類適合歐美的模式醒來，但這不代表就要重返昭和的勝利方程式，因為這麼做不會有任何進步。

「該採用會員型雇用還是工作型雇用的模式呢？」這種問法與只有0與1的數位世界一模一樣，也缺乏日本的特色。我認為，日本需要的是融合這兩種模式的優點，打造超越這兩種模式的模式。

我將這種模式稱為「職涯（Career）型模式」。

意思是，每位員工都積極累積屬於自己的職涯。「會員型雇用」或「工作型雇用」的模式是以公司的立場為出發點，但是「職涯型模式」卻是以員工的立場為出發點，在本質上完全不同。

或許像這樣讓優質的日本模式與歐美模式進行異組合，才是新型日式創新風格的理想樣貌。

chapter

# 5 成為企業家吧！

## 你正在追逐夢想嗎？

熊彼得將實踐創新的人稱為企業家。本章要帶各位讀者了解，什麼樣的人才是企業家。

從結論而言，企業家就是讓「夢想具體成形的人」。

「讓夢想具體成形」是日本公司富士通（Fujitsu）於一九八五年為了紀念創業五十周年所提出的口號，讓人不禁想起NHK紀錄片《Project X》介紹的富士通「池田敏雄的故事」。

池田先生被譽為日本電腦產業之父。

那各位讀者知道日本的工具機產業之父是誰嗎？

答案就是日本企業「發那科」（FANUC）創辦人稻葉清右衛門。池田先生與稻葉先生都是東京大學工學部的畢業生，也於同時期進入日本富士通服務，沉迷於電子技術的池田先生開發了日本第一台通用電腦。可惜的是，他在這台電腦即將完成之前就病倒了。另一方面，熱愛機械技術的稻葉先生開發了全世界第一台CNC工具機，並在離開富士通之後，創立了全世界第一的機器人企業FANUC。

那股想讓日本站上世界頂點的熱情與「讓夢想具體成形」如出一轍。

為了彌補「失落的三十年」，我們確實應該重拾這股熱情，這也是成為熊彼得口中的企業家所必須具備的條件之一。

這裡的企業家包含兩個關鍵字。

第一個是「夢想」。熊彼得認為，企業家必須具備這種情懷。沒有夢想，就沒有起點，夢想是成為企業家的必要條件。

**池田敏雄**
**（1923～1974）**

被譽為日本電腦產業之父與「電腦天才」，透過富士通在電腦國產化做出重大貢獻。

**稻葉清右衛門**
**（1925～2020）**

FANUC 的實質創辦人。一手讓 FANUC 成為世界第一的工業機器人企業。

第二個關鍵字是「具體成形」。意思是，光是擁有夢想還不夠，還要身體力行。行動力與實踐力是成為企業家的充分條件。

各位讀者是否正在追逐夢想呢？不要再說「夢想都是噩夢」這種話。請各位讀者描繪那令人雀躍與興奮的夢想吧。接著不斷地追逐夢想，直到夢想成真為止。為此，我們需要的是擇善固執的堅持。

只要能做到這兩個關鍵字，你也能成為企業家。熊彼得口中的創新，不是那麼難以實現的事情才對。

我們似乎一下子談得太遠了，接著就讓我們一起解讀熊彼得的企業家理論吧。

### 通用電腦與 CNC 工具機

通用電腦→指的是能於個人電腦、科學運算、事務處理、控制技術、各種軟體與用途使用的大型電腦。通用電腦的需求雖然隨著個人電腦普及越來越少，但最近又隨著管理大量資料的需求，以及建立資料中心所需的伺服器而慢慢增加。

CNC 工具機→ Computer Numerical Control，電腦數值控制，指的是透過數據控制工具的移動量與移動速度。比方說，利用 AI 機器人加工零件、利用金屬與木材製作玩偶，以及在醫院使用的金屬醫療器具或無法以人工製造的金屬器材，都可使用 CNC 工具機製造。這種機器也會用來生產特殊的螺絲。

## 企業家的定義到底是什麼？

熊彼得將推動創新的人稱為「企業家」。其實企業家（Entrepreneur）這個單字原本是法文，這也是對法文知之甚詳的熊彼得才有的用字遣詞。

照慣例，讓我們回溯一下這個單字的起源。Entrepreneur 的 Entre 這個字首的意思是 Between（在～之間），而 Preneur 的意思則是 Taker（取得的人），兩者糅合之後，就成為「取得『間』的人」的意思。

在當時，企業家這個單字常被視為取得空「間」的人，意指仲介或是貿易商的意思，等到從空「間」衍生了時「間」的意思之後，Entrepreneur 這個單字就具有「為了創造未來，善用現有資源」的意思，而這就是熊彼得口中的企業家。

江副浩正鍾愛的杜拉克三大經典《成效管理》也如下描述了企業家的特質。

「一八〇〇年，催生企業家一詞的法國偉大經濟學家讓－巴蒂斯特・賽伊（Jean-Baptiste Say），將那些冒著風險把已不具生產力的陳舊資本用於開創未來的人稱為企業家；反觀那些將重點放在交易上的亞當・斯密以及其他的英國經濟學家，則是將『效率』視為經濟的核心。不過，賽伊認為，只有願意冒險創新，利用今日與明日之間的非連續性，才是能夠創造財富的經濟活動。」

各位是不是已經發現，賽伊對於企業家的描述，與熊彼得口中的創新簡直流著相同的血液呢？

亞當・斯密與其他的古典經濟學家將重點放在「空間」與「效率」，這也是典型的靜態學；然而熊彼得卻在重新審視賽伊的思想之後，將重點放在時間與經濟的脈動之上，而這正是動態學的觀點。

## 生活安逸的人無法實現夢想

所以具體來說，熊彼得口中的企業家到底是怎麼樣的人呢？

熊彼得曾直截了當地說，企業家就是「採取行動的人」。若以「讓夢想具體成形」這個關鍵字比喻，「讓某事或某物具體成形」是企業家不可或缺的特質。

接著讓我們進一步解釋這個部分。

熊彼得曾說，人類的行動主要分成兩大類。

第一類是奉行「享樂主義」的人，也可說成奉行「幸福主義」的人。**指的是甘於接受現有的環境，覺得這樣可以得到內心平安的人**。缺乏決策力與執行力也是這類人的特徵。

熊彼得將這類人稱為「靜態的人」，也指出古典經濟學的前提就是這類靜態的人。

另一類的人又是怎麼樣的人呢？答案是「精力充沛的人」。這類人與奉行「享樂主義的人」恰恰相反，是能夠毅然決然地挑戰現有的環境與束縛，為了成為心目中那個理想的自己而付出行動的人。**只有這種「採取行動的人」才是企業家，才是熊彼得口中「動態經濟」的主角**。

如今的世界標榜「健康幸福」（Well-Being）的理念，日本也煞有其事地宣傳「幸福主義」的重要性。如果讓熊彼得來說，這一切不過是享樂主義的表徵，這種人只會甘於靜態的型態，無法推動任何創新。

奉行幸福主義的人當然也有烏托邦式的夢想，但這些人的夢想永遠只會是「夢想」，沒有實現的一天。只有採取行動、實踐夢想，才會成為企業家。

熊彼得曾如此說道：「我們隨時都能想到所謂的新組合，但真正不可或缺的是採取行動，也就是行動力。」光是空想是不夠的，還需要採取行動才行。

要「採取行動」的話，又需要哪些特質呢？

## 推動創新的人，是懂得反抗的人

熊彼得認為「懂得採取行動的人」擁有多項別具特徵的「行動意志」，這些行動意志可分成三大類。

第一種是「反抗」。

不順從傳統的人，往往會承受來自周遭的壓力，也就會猶豫自己要不要採取心中所想的新行動。熊彼得將前者稱為「社會摩擦力」，將後者稱為「心理摩擦力」。

熊彼得曾栩栩如生地描述那不願服從、奮起對抗的模樣：

「對企業家來說，至今未曾有人付諸實行不是阻止他們付出行動的理由。他們通常不受常識束縛，也不會因為有無前例可循而改變自己的決定。他們能從所有潛藏的機會之中進行選擇，因為對他們來說，所有的機會都是可行的。」

各位讀者覺得熊彼得的描述如何呢？

**「採取行動的人」就是「反抗」常識的人。**熊彼得也曾提到「一手推動新組合的企業家，（最初）就像是逆流而上的人」。

前面提到的柳井正創辦人也曾公開下列這個迅銷公司的企業理念：「改變服裝、顛覆常識、改變世界。」

如何？這簡直就是與熊彼得風格如出一轍的企業理念對吧？

書籍資訊

**反抗者**（新版）

阿爾貝．卡繆著
嚴慧瑩譯
大塊文化（2017 年）

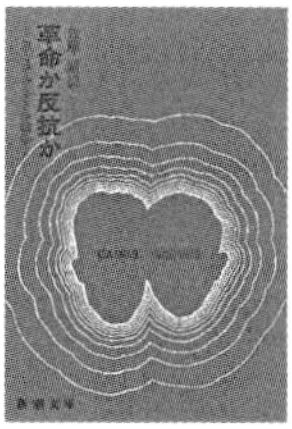


**是革命還是反抗**

——卡繆與沙特的爭辯

阿爾貝．卡繆著
佐藤朔譯
新潮文社（1969 年）

曾獲頒法國諾貝爾文學獎的法國小說家阿爾貝・卡繆（Albert Camus）曾高聲疾呼，認為反抗世上的不合理，才能活得像人類。在熊彼得辭世的隔年，也就是一九五一年，卡繆出版了《反抗者》（*L'Homme Révolté*）。

隨後，他與法國存在主義大師尚－保羅・沙特（Jean-Paul Sartre）之間便掀起「是革命還是反抗」這場知名的爭辯。

看著當時的卡繆不禁讓人想到，為了反對馬克思的「革命」而高喊「反抗」的熊彼得。

## 渴望實現理想的熱情才能推動創新

「採取行動的人」的第二種特徵就是「想要採取行動的衝動」。要想反抗前述的摩擦力與採取行動，就必須具有無論如何，也要成就理想的那股意志，而這股意志也可以說是熱情。

衝動是沒有邏輯的，是一股從內心深處一湧而上，難以平靜的感受。或許各位讀者也曾在談戀愛這類人際關係中，或是從事某些運動競技的時候，被這股衝動所驅使對吧？

熊彼得曾提出下列的說法：

「每個人都知道，自己有那股想拚盡全力的衝動。」

熊彼得將這種衝動稱為「力」。

「活動的『力』總是望向新事物。」

「力量滿溢的強悍之人，會推動改革與付出行動。」

**意思是，每個人都有想展現力量的熱情，會為了創造新事物而使用這股熱情。**

尼采曾將「源自人類本質，望向高處的心思意念」稱為「渴望力量的意志」。

這不禁讓人覺得，熊彼得與尼采的思想有共通之處。

尼采的思想由後世的法國哲學家亨利・柏格森（Henri Bergson）所繼承。柏格森批判理性主義與科學思想，也為了透過生命的不合理掌握生命根源，於一九〇七年出版了主要著作《創造的進化論》（*L'Évolution créatrice*）。他在這本書裡面批評達爾文（Charles Robert Darwin）的物競天擇進化論，認為這種理論太過功利主義，也提出生命會因為讓生命更加耀眼的力量而進化，也將這股力量稱為「生命衝動」（Élan Vital）。

所謂生命衝動指的是生物透過內在衝動而進化的力量，他也提到，生命並非靜態的，而是時常變化，具有動態的持續性。

這種將重點放在創造的自發性與生命衝動的觀點，與熊彼得的創新理論也有共通之處。

柏格森將這種由「創造性衝動」驅動的進化稱為「創造性進化」。熊彼得將「創造性衝動」解讀為「來自創造活動的喜悅」，也認為這股喜悅會催生「渴望採取行動的衝動」。

足以代表日本的哲學家西田幾多郎與柏格森的時代幾乎重疊，也受到柏格森深遠的影響。西田在其《邏輯與生命》（論理と生命）這篇論文之中如此敘述：

**亨利・柏格森**
**（1859～1941）**

藉由簡潔不失優美的文章獲得好評，並於 1927 年獲頒諾貝爾文學獎。

**西田幾多郎**
**（1870～1945）**

哲學家。著有《善的研究》。

「當自己成為那個充滿創造性的自己，不代表自己遠離世界，而是成為催生創造性世界的因子。」

柏格森的思想被後世的德國哲學家馬丁・海德格以及其他存在主義的學家以「生命哲學」的形式繼承，也由法國哲學家吉爾・德勒茲（Gilles Deleuze）為首的後結構主義學派所繼承。

另一方面，讓柏格森的哲學思想往社會經濟學發展的正是熊彼得。前面也提過，這種發展就是一種「進化」，也就是朝進化經濟學發展。

## 要有從無數個創意之中選擇的勇氣

第三個重點是「做出決定」。企業家必須具備從各種可能性之中做出選擇的能力，然後將所有的熱情傾注在這個選項之上。

熊彼得提到「找到創意，預想下一步並非企業家的課題」，也曾說**「就算沒有企業家，創意與計畫本來就無處不在」**。是的，一如前述，0→1 的創意不過是垃圾而已。

那麼企業家的本職到底是什麼？熊彼得認為「從各種可能性，也就是從任何事物做出正確的選擇，正是企業家的能力」。換句話說，企業家就是能從多不勝數的機會之中，挑出可行的機會，再將一切賭在這個機會的人。此時需要的是做出決定的勇氣。

豐田汽車（TOYOTA）的豐田章男執行長曾說，所謂的「做出決定」就是一種「當機立斷」的能力，這與鼓吹新陳代謝需要勇氣的熊彼得可說是不謀而合。

## 不要耗費時間在做決定

這裡有個必須先知道的重點，那就是熊彼得認為「企業家不該想要審查所有的機會再得出結論」，他認為「這種方法將讓人無法付諸行動」。的確，要審查無數個創意的可行性，需要耗費相當的時間。

在外資經營顧問公司擔任幹部長達二十五年的我，已親眼目睹無數次這類光景，越是懂得精打細算的經營者，越會想要審查所有機會的可能性。可是，沒有人可以預測未來，所以也無法審查這些機會的可行性，**而且在審查的時候，邁向機會的大門很可能一下子就關上了。**

真正的企業家不會在這種事情上浪費時間。日本電產創辦人永守重信會長就是真正的企業家。

永守會長很喜歡「帶來機會的女神只有劉海」這句李奧納多．達文西（Leonardo da Vinci）的名言。意思是，帶來機會的女神沒有後面的頭髮，所以只能從前面抓住她。

那麼該怎麼做才能迅速做出正確的決定呢？

第一步是先「對具有多種原因、完全不可能準確評估的事物做出適當的判斷」，換句話說，**就是先掌握複雜的全貌，再建立假設的能力**。

此時的陷阱就是「慣性法則」，熊彼得也將這個慣性法則稱為「經驗的復仇」。這意味著不要根據已知的現在，判斷未知的未來。**企業家必須具備能擺脫經驗、觀察未來**

**永守重信**
**（1944～）**

日本電產創辦人、董事長兼最高經營負責人。

**的能力。**

此外，**「為自己的選擇付出行動」也非常重要**。這也是「懂得採取行動的人」的定義。只有實際付出行動，才能讓未來成為現實。

永守會長提出了三大經營理念，分別是：

①熱情、熱忱、執念。

②努力求知。

③立刻執行、言出必行、直到做到為止。

其中的③正是「付出行動」的意思，而為了付出行動，必須具備①的執念與②的「竭盡一切努力」。如此一來，帶來機會的女神才會向我們微笑。

熊彼得曾說，「懂得採取行動的人，不會單純地回應即刻的需求以及可立即期待的需求，而是會強硬地讓自己的產品進入市場。」

聽到這句話，或許會讓人有種「這豈不是不顧市場的意見嗎？」的感覺，以及 Product Out（產品導向）的危機感。

的確，如果無法就此創造需求，供給端有可能會落得一廂情願的下場。

所以現代流行的 Market In（市場導向）就是正確解答嗎？可是熊彼得也警告「一味地迎合需求將無法創新」。

答案就是掌握複雜的全貌再建立假設。不囿於經驗，思考與觀察最理想的未來，以及為自己的決定付出行動。

只要能依循上述三點，應該就能實現前面提及的 Market Out。換句話說，熊彼得口中的「採取行動的人」就是實踐 Market Out 的人。

## 莫忘創業時的第一天

企業家會在哪個時間點被需要？

答案當然是創業時期。

那麼後續的成長期與成熟期還需要企業家嗎？

熊彼得曾提到「隨著時間過去，企業家發揮能力的機會將越來越少」，因為此時更重視深思熟慮之後的行動，而不是敏捷迅速的行動。

只不過企業也會在此時停止進化，時間一到，又會有另一位企業家粉墨登場，搶走主角的位子。

熊彼得曾在《經濟發展理論》中提到一個有趣的比喻。

「社會的上層就像是飯店一樣，總是人滿為患，卻每次都是另一批人。這些人為了力爭上游付出的努力，遠遠超乎我們所認可的。」

將這個比喻整理成「破壞性創新」的是美國教授克雷頓・克里斯汀生（Clayton M. Christensen）。這位教授曾在《創新的兩難》（*The Innovator's Dilemma: When New Technologies Cause Great Firms to Fail*）提及「曾成功創新的人，會在下個回合成為輸家」的宿命論。成功的人會想讓自己一手掀起的創新持續下去（「持續性的創新」），結果便對那些由下而上、看似劣質與落後的破壞性創新掉以輕心。

**書籍資訊**

**創新的兩難**【20 週年暢銷經典版】

**當代最具影響力的商管奠基之作，影響賈伯斯、比爾・蓋茲到貝佐斯一生的創新聖經**

**克雷頓・克里斯汀生著**
**吳凱琳譯**
**商周出版（2022 年）**

**創新者的解答**

**掌握破壞性創新的 9 大關鍵決策（暢銷改版）**

**克雷頓・克里斯汀生著**
**李芳齡、李田樹譯**
**天下雜誌（2017 年）**

那麼到底該怎麼做才對？

於前幾年辭世的克里斯汀生在《創新者的解答》（*The Innovator's Solution: Creating and Sustaining Successful Growth*）強調，「不需要停止否定自己，同時自行發動破壞性創新」的重要性。

這與將近一世紀之前，熊彼得定義的企業家完全一致，**因為持續發動創造性破壞正是企業家的本質**。成熟的企業必須時時找回創業精神，不斷地發動第二、第三次創業，而且必須迅速確實、永不停歇地創新。換言之，就是莫忘初心。

前面提到的亞馬遜創辦人傑夫·貝佐斯，將「Day 1」（創業第一天）這個詞像咒語一般掛在嘴邊幾十年，甚至將自己的辦公室大樓命名為「Day 1」。

## 創造未來不需要MBA？

讀到這裡，各位讀者應該已經知道「企業家」與「企業管理者」（Administrator）的差異了吧。

根據熊彼得的說法，企業家是「讓創意具體成為事業的人」，而企業管理者則是「負責持續經營（Going Concern）的人」。

可以說，前者是居於動態典範的人，後者則是居於靜態典範的人。熊彼得直言「如果領導者不是『採取行動的人』，什麼事情都不會進步」，**企業管理者無法發動創新**。

在此想要回頭探討「管理」的本質。

讓我們聽聽被譽為「管理之父」的杜拉克怎麼說吧。杜拉克在熊彼得過世四年之後，於宛如紀念碑的名著《彼得·杜拉克的管理聖經》留下了這句名言：

「企業的目的在於創造顧客，所以企業具有兩項基本功能，也就是行銷與創新。」

若將杜拉克口中的行銷視為創造需求，以及將創新視為建立創新的機制，那麼前述的「Market Out」可說是管理的本質。言下之意，杜拉克提倡的「管理」與企業家精神同義。

在此讓我們想想與企業家一詞反義的詞彙。

不管是熊彼得還是杜拉克，**都認為與企業家意義相反的詞彙為「企業管理者」**，因為管理是將重點放在破壞均衡的動態面，而企業管理卻是將重點放在維持均衡的靜態面。若以熊彼得的口吻重新描述，恐怕會是「企業若只有企業管理者，將無法有任何進步」。

這麼說來，我們就不能將未來託付給ＭＢＡ了。所謂的ＭＢＡ是Master of Business Administration的縮寫，也就是「管理企業的專家」。

我在三十年前的拙著《哈佛的挑戰——超越數值萬能主義》（ハーバードの挑戦～数値万能主義を超えて）之中對ＭＢＡ這個名稱提出異議，認為ＭＢＡ應該正名為ＭＶＣ（Master of Value Creation，創造價值的專家）。

話說回來，哈佛大學於一九四八年設立了「創業史中心」（Center for Entrepreneurship History），也聘請熊彼

書籍資訊

哈佛的挑戰——
超越數值萬能主義

名和高司著
PRESIDENT社（1991年）

得為第一任所長。差不多是時候採納我的建議，讓MBA這個完全不合理的頭銜正名了吧。

## 創意無用，重點在於「採取行動」

在了解企業家與企業管理者的差異之後，也讓我們釐清企業家與發明家的差異吧。

熊彼得將兩者一刀分成兩斷。

熊彼得認為發明家是「提出創意的人」，而企業家則是「做事的人」，而且就如前面提到的，熊彼得認為「發明不過是增加可能性的數量」而已。

其實前面已一再提到，0→1的創意不過是垃圾，只會堆成名為可能性的垃圾山。

這也是日本人常有的盲點。

## 創意不一定會蛻變為蝴蝶

近年來，整個日本社會瀰漫著一股迷思，認為日本之所以無法創新，全是因為0↓1的創意如枯井般枯竭，導致許多企業都透過「黑客松」這種創意競賽或培育中心尋找創意，或是對POC趨之若鶩。

不過，這種廉價的0↓1活動絕無法催生猶如「第二次創業」的偉大事業。我將這種「一日企業家」的家家酒稱為「POC病」，但這種疾病似乎已經蔓延開來。

真正的企業家對於0↓1這種騙小孩的遊戲是不屑一顧的，尋找這種創意的工作交給特立獨行的發明家或是猶如星塵般、一瞬即逝的新創企業即可。

1↓10的創造收益，以及10↓100的規模化才是企業家發揮看家本領的部分，而一切取決於商品是否能完全進入市場或社會，這才是熊彼得口中那個「採取行動的人」或

POC

Proof of Concept（概念驗證）的縮寫。
為了驗證新概念、理論、原理或創意，在試作開始之前的階段就進行驗證或試作。

是「做事的人」。

亞馬遜創辦人傑夫・貝佐斯非常喜歡「invent」（發明）這個詞彙，但他與那些滿口創意、沒有半點行動力的發明家完全不同。比方說，在前面提到的二〇一四年〈寫給股東的信〉（收錄在《創造與漫想》之中），貝佐斯就曾如此說道。

「理想的事業具備被顧客愛護、能擴大至巨大的規模、投資報酬率很高，而且能夠不斷延續下去的特性。」

貝佐斯基於這種理念，陸續地讓電子商務事業、電子支付事業、B2B雲端事業（Amazon Web Services，AWS）進入社會，讓這些事業成為社會的「基礎建設」，如今還能致力於開創宇宙事業。

**AWS**

Amazon Web Services 的縮寫，提供雲端運算服務的事業。這原本是為了 Amazon 本身的基礎建設所創立的服務，後來也開始提供給其他公司使用。據說 Amazon 的利潤幾乎都是由這個 AWS 所創造的。

貝佐斯不是「發明家」而是足以代表現代的「企業家」。

## 創造性的動機從何而來？

我們都知道「熱情很重要」，但到底是什麼讓企業家對創新如此趨之若鶩呢？各位讀者可知道創新的機率低得驚人嗎？

許多企業都是在「無聲無息」之中消失，所以很難正確的統計，但是光從日本的新創企業來看，創業五年後的生存率為一五%，十年後為六・三%，二十年後則只剩〇・三%。

話說回來，要違逆外部（社會）與內部（自己）的「摩擦力」或「阻力」，發動創造性的破壞，需要相當程度的決心與能量，但這股能量到底是從何而來呢？

熊彼得認為，企業家通常具備三種動機。

**第一種是為了錢，也就是想要「一攫千金」**。

但是若從成功的機率來看，這種賭博實在太不划算，而且這種「守財奴」絕對無法與員工、顧客、社會產生共鳴。

**第二種動機則是權力，希望擁有社會地位或是成為高高在上的統治者。**

當然，想成為企業家的人，多少都想掌握權力，但如果太過露骨，渾身將散發著渴望權力的欲望，會讓旁人覺得臭不可聞。想變得有名或是被人尊重，或許比較容易讓別人接受。

**第三種動機則是創造，也就是讓創造本身成為目的。**

**熊彼得認為被這種動機驅動的人，屬於充滿創造性的人物**。熊彼得這麼說，「在經濟領域創造新事業的喜悅，與藝術家、思想家、政治家從事的創造性活動可說是位於相同的基礎。」

在上述的三種動機之中，只有這種屬於創造性的喜悅最為純粹與崇高。其實企業家與藝術家、思想家、政治家一樣，「真正能從事創造性活動的時間極為有限」。

「在那之後，就會進入特殊的消耗狀況。這樣的人物已不是『走在前頭的人』，沒辦法想出任何新事物，只能執行之前準備就緒的事宜。」

若以現在的話來說，就是「燃燒殆盡（Burn Out）症候群」。看來要持續創造非常困難。不過，所謂的創新就是必須持續發動創造性破壞。那麼該怎麼做，才能避免燃燒殆盡、維持想要創造的熱情，以及擁有這份崇高的理念呢？

## 好奇心與利他的思想能創造最重要的「志向」

熊彼得認為，要避免自己燃燒殆盡，就必須具備一些「浪漫情懷的元素」，這也稱為「找出浪漫情懷的眼光」。

那麼要怎麼讓這股浪漫情懷維持下去呢？

**首先需要的是「孩子般的好奇心」**。熊彼得曾說：

「對於採取行動的人來說，每次採取行動都有可能遇到問題或是全新的可能性，而這些問題與可能性會吸引採取行動的人，讓他們忍不住想做實驗，想在經濟的相關事件刻上自己的精神印記。」

永無止境的好奇心會讓企業家忍不住採取行動。前面提過，「那股讓企業家忍不住採取行動的衝動」正是源自這種好奇心。

**另一個重要的特性就是「利他的心」。**

前面提過，人分成「享樂主義」與「充滿活力」這兩種類型，而「利他的心」正是這兩者的分水嶺，超越金錢、權力這些一己之私的崇高目的，會讓人忍不住想從事充滿創造性的活動。

聽到這裡，讓人想起美國心理學家亞伯拉罕·馬斯洛（Abraham Harold Maslow）的「需求層次理論」。這是比熊彼得年輕一個世代的美國心理學家所主張的自我實現理論。

馬斯洛於一九四三年提出了知名的「五層金字塔需求層次理論」。

這是將生理需求放在最底層，將自我實現的需求放在最高層的理論。意思是當**人類覺得「某些地方不足」時，會想先滿足這種有所缺乏的狀態，之後才會「想要成長」**。一旦需求得到滿足，就會想要滿足更上一層的需求。

晚年的馬斯洛曾提到，在舊有的五層需求之上，還有「第六層」的需求，也就是「超越自我的需求」。

這是超越自己，與社會、自然合而為一的境界，馬斯洛將這種感覺稱為「至高體驗」（Peak-Experience，或稱高峰經驗）。抵達這種境界之後，就能感受狂喜、

# 馬斯洛的需求層次理論

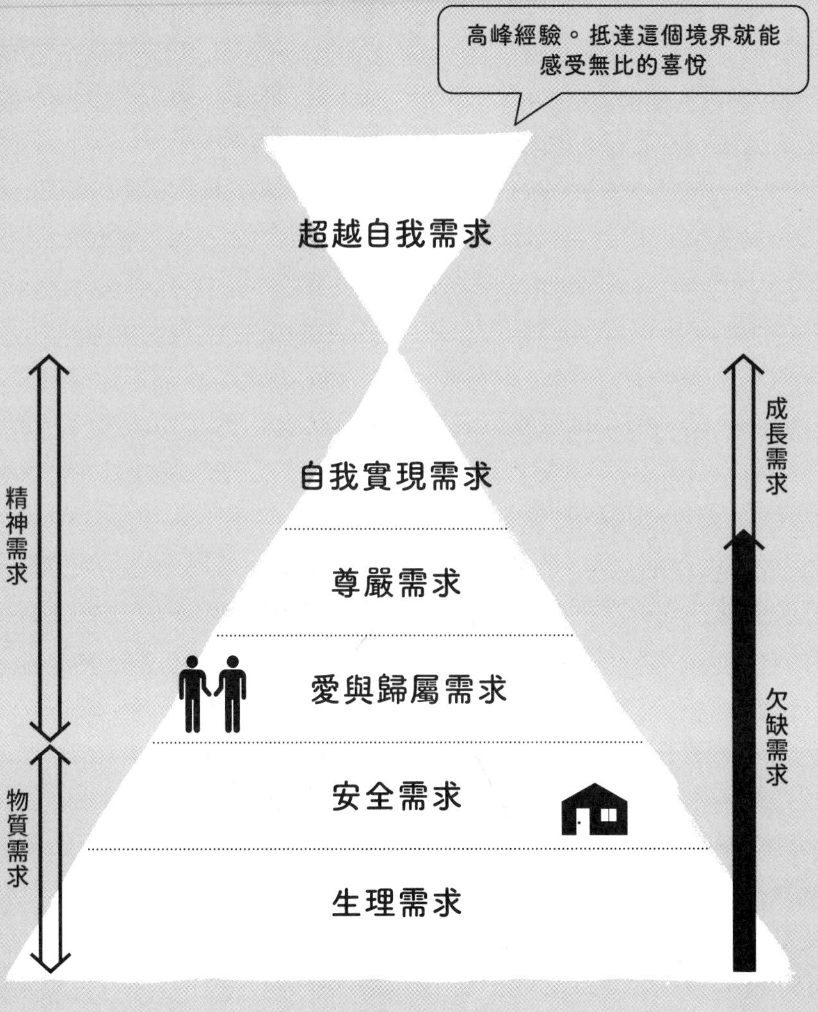
高峰經驗。抵達這個境界就能
感受無比的喜悅
超越自我需求
自我實現需求
尊嚴需求
愛與歸屬需求
安全需求
生理需求
精神需求
物質需求
成長需求
欠缺需求

興奮、平靜、感動與痛快，也就是一種「無我」的感覺。各位讀者是否已經嘗過這類體驗了呢？

熊彼得與馬斯洛所說的「超越利己的想法」，與備受現今社會注目的「志向」可說是完全吻合。我通常會將原文「Purpose」解釋成「志向」，因為這與日本的傳統價值觀擁有相同的根源。

對這部分有興趣的讀者請務必參考拙著《志向經營～從30年後的觀點看現在》。企業家需要具備「浪漫情懷」，而這股浪漫情懷源自「志向」。這部分也將於最後一章回顧。

## 松下幸之助的志向是「讓社會擺脫貧困」

若問足以代表日本的經營者，那當然非松下幸之助莫屬，甚至松下幸之助還享有「經營之神」的美譽，而且在中國也與京瓷的稻盛和夫得到相當程度的尊敬與喜愛。

那麼，松下幸之助可以被稱為企業家嗎？

將SONY創辦人井深大稱為企業家，應該不會有人提出異議才對。電晶體收音機絕對是足以代表日本的創新，之後日本又陸續推出了特麗霓虹（Trinitron）電視或是家用錄影系統Betamax這類新商品。

那麼松下幸之助又有哪些成就呢？

他在年輕的時候發明了雙燈泡插座與自行車燈泡，創立了松下電器產業，不過松下電器產業沒多久就被冠上「愛仿冒」的惡名。相較於不斷推出新商品，總是挺身而出，充當白老鼠的SONY而言，松下電器徹底實行所謂的「老二策略」。

不過，若從熊彼得的定義來看，松下幸之助才是偉大的企業家，想必各位讀者已經知道個中理由了。

首先我們知道的是，「發明家」與企業家可說是沒有半點關係。

在家用錄影系統方面，SONY的確率先開發了Betamax這套系統，而松下陣營的日本JVC公司也以VHS這項規格緊追在後，而且在這場家用錄影系統之爭倖存的，是被認為技術相對落後的VHS，得以囊括全世界市場的是松下電器。

**所謂的企業家就必須具備這種讓產品「成為社會實質規格的能力」**，而從0→1的實驗就交給愛當白老鼠的SONY負責就好，至於後續的1→10階段才是PANASONIC展現「企業家」精神的時候。

這份信念源自松下幸之助提出的「水道哲學」。

我們得先將時針轉回一九三二年，松下幸之助在第一次創業紀念典禮提出下列的想法。

「企業家的使命在於克服貧困，所以我們必須不斷地生產物資，讓財富不斷地膨脹。雖然自來水在經過加工之後就必須標價售出，但路人喝了這種加工之後的水，不會提出任何抱怨，因為這些加工之後的水非常大量，而且價格非常便宜。企業家的使命正是不斷地生產物資，讓物資能夠如同自來水一般，源源不絕地提供，如此一來，整個

**井深大**

**（1908～1997）**

SONY 創辦人。讓 SONY 從小鎮的工廠茁壯為代表日本的國際企業，是戰後日本技術立國的代表人物。

**松下幸之助**

**（1894～1989）**

憑一己之力創辦 PANASONIC（舊稱為松下電器產業）的經營者。提倡「水道哲學」，設立了 PHP 研究所，也致力於倫理教育。

社會才能擺脫貧窮，為每個人帶來幸福，打造如同天堂的世界。這正是我們公司的使命。」

**以價廉物美的方式，讓自家公司的商品像是自來水管這種社會基礎建設普及。**這可說是讓商品的價值於社會扎根的終極商品化戰略，這也是松下幸之助的「志向」。

於一九一八年創業至今已超過一百年，松下電器也已改名為「PANASONIC集團」，但創業者的志向仍然得以代代相傳。

於二〇二一年四月就任執行長的楠見雄規就大大描繪了「PANASONIC GREEN IMPACT」（綠色共生）這個願景。

「我們的目標是讓生活與商業達到碳中和。」這種以環保為主軸的理念，完全吻合PANASONIC的企業理念，也讓我們期待下一代的企業家能讓「環保」成為人類社會的共識。

那麼，各位讀者的「志向」又是什麼呢？

## 馬斯克的志向是「為全人類做出貢獻」

放眼全世界，恐怕再也沒有像伊隆．馬斯克這般適合被稱為企業家的人物了。

二〇二一年十二月，美國的《時代》（*TIME*）雜誌將伊隆．馬斯克選為「年度風雲人物」。

「再也沒有像馬斯克這般能夠對地球上的生命或是地球之外的潛在生命造成如此影響的人物。」

「總是帶領整個人類社會挑戰破壞性創新，並為整個人類社會帶來巨大轉變。」

這些都是與伊隆．馬斯克有關的讚美。

馬斯克在創立電子支付 PayPal 的時候，恐怕大家還不太知道這號人物，但是當他創立特斯拉（Tesla）汽車，一躍成為全世界電動汽車的主力廠商之後便聲名大噪。特斯拉的總市值在二〇二一年底曾為豐田汽車的三倍多。

伊隆．馬斯克在創立特斯拉汽車的前一年，也創立了 SpaceX。這間企業提出讓人類移居火星的雄心壯志，也是馬斯克特別重視的企業。在連續三次發射火箭失敗之後，這間企業陷入了單手掛在懸崖邊的險境，沒想到第四次火箭發射成功，也總算實現了讓一般人也能漫遊宇宙的壯舉。如今 SpaceX 正在開發於行星之間漫遊的超大型火箭。

之後伊隆．馬斯克也接二連三引爆了不少話題，比方說，超高速運輸系統 Hyperloop 或是讓人腦與電腦連接的 Neuralink 神經科技公司，甚至還大手筆花了五兆多日圓收購推特（X），引起全世界一片譁然。

到底是什麼一直驅使馬斯克前進呢？

**馬斯克曾說，他自幼就以「為全人類做出貢獻」為人生目標**，最近他也提出「我的各種想法源自能源問題。能源總有一天會枯竭，我想讓人類擺脫這種危機」的志向。

美國《連線》（*WIRED*）雜誌曾請教年輕企業家「最尊敬哪一位經營者」這個問題，而他們都異口同聲地回答馬斯克。

「馬斯克讓我們知道在為了世界做出貢獻的同時，又能創造利潤的方法。」

「伊隆．馬斯克正在彌補上個世代犯下的過錯。」

由此可知，馬斯克想要解決地球問題，甚至是宇宙問題的遠大志向，緊緊抓住了年輕世代的心，而這個志向也潛藏著熊彼得所說的「利他之心」。在距離熊彼得辭世一百多年的現在，熊彼得口中的企業家正在為了全人類拓展未來。

## 與其害怕失敗，更要害怕不夠認真

松下幸之助留下了無數的名言，下列是幾則與企業家精神有關的名言：

「與其害怕失敗，更要害怕不夠認真。」

「所謂的成功就是要不斷努力，直到達成為止；所謂的失敗就是沒有一直努力，直到達成為止。」

同樣地，伊隆．馬斯克也說過下面這些話：

「如果這件事對你來說真的很重要，就全力以赴去做，不要害怕失敗。」

「失敗不過是一次的選擇，如果不曾失敗，你就不會有機會創新。」

這些名言都是要我們勇敢挑戰，不要害怕失敗，也希望我們知道從失敗中學習有多麼重要。話說回來，前述的柳井正也寫過《一勝九敗》這本名著。

企業家精神在矽谷被奉為「Try & Learn」（嘗試與學習）。

在日本，比較常說的是「Try & Error」，但如果只會犯錯，卻無法從錯誤學到任何東西的話，就只是不懂反省的人，如果變成「Try & Ein（小孩的哭聲）」（嘗試之後大哭）就是純粹的笑柄。

我在教導日本學生「Try & Learn」的時候，日本學生聽成「Try & Run」，同學們也瞬間哄堂大笑，因為這是「試了就跑」的意思，也是最糟糕的結局。

矽谷很流行「Fail Fast, Learn Faster」這個概念，**意思是「早點失敗，早點學習」**。如果審視這個概念，就會發現這是相對論也無法解釋的概念，不過各位讀者應該能了解我想要說什麼才對。

從失敗之中學習與不斷進化。我將這種模式稱為「以學習為優先的經營方式」。對此有興趣的讀者不妨參考拙著《以學習為優先的經營心法～日本企業為什麼會從內部開始改變呢？》。

誠心希望肩負未來的各位讀者能期許自己成為熊彼得口中的企業家。

為了達到這個目標，首先要提出遠大的夢想，然後不斷堅持，直到夢想達成為止。其中的行為準則便是「Try & Learn」。如果是這樣，明天應該就能付諸實行了對吧？

chapter

# 6 信用的重要性

## 培養「信者」，能帶來報酬

創新是開創未來的原動力。

不過，未來並非現代的延續，因為未來是無法預測的，在被喻為VUCA的現代更是如此，現在可說是前景最為撲朔迷離的時代。如果能從現在預估未來，企業家就無用武之地。

若只讓自己走一步算一步，便與隨波逐流的垃圾無異。

所以我們該怎麼做呢？

其實答案很簡單，就是**認知到「自己能夠創造未來」這件事**。這也是企業家的使命，讓自己心目中的「理想」轉換成現實，而這也正是「懂得採取行動的人」的定義。

如今是企業家最有機會一展身手的時代。

不過，光是談論自己的志向與獨自採取行動，是無法創造未來的，所以我們**必須找到能分享志向的夥伴，也就是所謂的「同志」**。另一個重點則是讓顧客或社會與我們的志向產生共鳴。

那麼我們該做什麼呢？

在第五章的時候，我們提到了兩個企業家讓「夢想具體成形」所需的必要條件對吧？

其中一個是「夢想」也就是「志向」，另一個則是在夢想實現之前，絕不放棄的「執著」（熱情）。

不過，只有夢想或執著仍無法開創未來。為了找到同志，以及引起顧客或社會的共鳴，還需要一個元素。

那就是「信念」。

所謂的「信念」是什麼？

要讓同志與企業家追逐相同的夢想，對企業家的一舉一動產生共鳴，就必須讓同志相信「總有一天，夢想會實現」，否則不會有人為了不可預測的未來奉獻自己。

換句話說，**所謂的信念就是讓更多的人相信你**。

正是因為未來充滿了風險，成功的果實才如此甜美。

企業家總是相信成功創造的報酬比風險來得更重要，但如果只有自己相信這點，終究只是在唱獨角戲。**要讓事業茁壯，就一定要找到擁有相同志向的「信者」（信徒）**。

話說回來，請各位仔細觀察「信者」這兩個字。各位有沒有發現，當這兩個字進行「新組合」，就會變成「儲」（在日文的意思是「賺錢」）呢？

信者越多，報酬越豐厚。這點不只適用於宗教的世界，也適用於創新的世界。

松下幸之助的松下教、稻盛和夫的稻盛教，在中國以及全世界的國家都有許多信者，而迅銷的「柳井教」或是日本電產的「永守教」也在全世界擁有許多信者。

能否吸引許多「信者」是企業家成功與否的一大關鍵。

## 企業家需具備讓現有價值昇華的能力

企業家必須面對風險。

既然讓現有資產進行新組合與產生新價值是創新的本質，就必須動用現有的資產。

這些現有的資產有的正在運用與產生價值，有的則在等待被運用的機會。要利用現有的資產發動創新，**這個創新就必須能夠創造高於現在與未來的價值**。

在推動創新的當下需要動員資產，但是要等到未來才能產生價值。不過這個公式並非絕對，所以沒人知道未來是否真能產生價值。要將目前不斷產生利潤的資產挪作他用，是一件非常不容易的事情。已知的現在與未知的未來之間，存在著時間軸上的落差，而這個落差正是風險的源頭。

要動員現有資產是需要力量的，而**熊彼得將這份力量稱為「購買力」**。若少了這個購買力，就無法讓人力、物資、金錢這些資產進行新組合。

為什麼會使用「購買力」這個名稱呢？

家庭手工業、SOHO這種中小企業或是新創企業或許可以只憑自己的資產，打造一片屬於自己的天地，但前面也提過，熊彼得對於創新的定義並非從0→1，而是從1→10，甚至放大至100的規模，為此，**當然需要吸納外部的資產**，所以才會取名為「購買力」。

話說回來，企業家要想得到購買力，靠的不是「金錢」。在此使用了「得到」

這個動詞，但正確來說，「購買力」並非企業家的所有物，而是必須動員的力量。這部分會在後面進一步說明。

熊彼得曾如此說道：「若想將現在用於生產的資產拿去開創未來，企業家需要的是購買力而不是資金。今後需要的不是大量的資金，而是沛然難禦的購買力。」

那麼這股購買力到底從何而來？

**熊彼得認為源自「信用」。**

企業家必須提出「美好的意志（夢想），與未來的奮鬥（具體實現）」的承諾，但如果沒人相信這個承諾，就無法全面動員人力、物資與金錢。

## 創新的關鍵人物還有「銀行家」

要讓大眾相信企業家的承諾，就需要值得信賴的第三方掛保證。

這裡的第三方就是「銀行家」。

熊彼得提到「銀行家可將購買力借給企業家」。假設「擁有購買力與交易購買力都必須經過銀行家」，這意味著，要取得購買力需要銀行家的協助，所以銀行家才會在熊彼得的劇本登場。

那麼，銀行家在名為創新的這部戲劇之中，扮演什麼角色呢？

假設主角是企業家，那誰又是名配角呢？

誰又是提供購買力的贊助者呢？

熊彼得如此提到：「如果企業家是主角，那麼銀行家就是市場的最高監督者。」

換句話說，假設企業家是「導演」，那麼銀行家就是製作人。

各位讀者知道這兩個角色的差異嗎？導演負責管理拍戲現場一切事務，而製作人則是負責管理資金與人員的總負責人。熊彼得口中的最高監督者與創新這部戲之中的製作人意思相近。

身為製作人的銀行家該如何稱職地扮演自己的角色呢？

資本家與企業家的分工非常明確，企業家的任務是讓「夢想具體實現」、是「採取行動」的人；而相信企業家、將購買力借給企業家的是資本家。

簡單來說，銀行家就是讓多位資本家與企業家進行「新組合」的仲介。企業家需要的是「購買力」，所以必須具備「信用」，而銀行可創造這份「信用」，也可以扮演資本家的角色，直接投資企業家，與資本家一起將購買力借給企業家。

讓我們再試著以拍戲來比喻吧。

銀行為創新這齣戲提供擔保，吸引資本家投資這齣戲。這就是製作人最重要的任務。

熊彼得曾說，銀行家就是資本家，因為銀行家在募集資金之後，必須自行判斷投資標的。一般銀行的企業貸款與投資銀行的企業投資就屬於這一塊。相較於仲介證券的證券公司而言，**身兼資本家一職的銀行家必須為了自己所做的任何決定負起責任**。

## 銀行家是製作人

最終承擔風險的到底是企業家還是銀行家呢？

**熊彼得直言，承擔風險的終究是資本家**。「提供資本不是企業家的責任，背負風險也絕不是企業家的任務。簡單地說，背負風險的是資本家，因為事業失敗而投資失利的也是資本家。」

前一節提過，擁有購買力的是銀行家，而不是企業家。這種分工制度非常重要。在過去，我們一直認為企業家應該是承擔風險的那個人。的確，如果是拿自己的資金創業，企業家的確會面臨投資失利的風險。此外，一旦事業失敗，企業家的風評也會下降，也會喪失信用，遭受致命的打擊。

不過，這是0→1創業時期常見的風險。熊彼得的創新是指1→10、10→100的階段，於此時承擔風險的並非企業家個人，而是根據信用提供資金的資本家。

**換句話說，企業家不能因為風險而嚇得裹足不前**，必須將風險視為創造新價值的最佳機會，勇敢地推動新組合。

此時必須透過銀行向背負風險的資本家取得「信用」，只有這份「信用」才是企業家創造未來的最大本金。

## 企業家的信念、信用與信賴

那麼「信用」從何而來呢？

這次一樣要試著追溯語源。「信」這個字自古以來就是透過新組合產生的漢字，有「人們向神立誓，再互相交換承諾」的意思。

此外，「信」與其他單字進行新組合，也會產生新的意思。在此為各位讀者介紹被我稱為「信的三活用」的語法。

首先是「信念」。

意思就是「相信與在心裡默念，祈禱願望成真」。前述的「信者」指的是擁有相同信念的人。信念是「志向」，也是「夢想」，**想讓「夢想具體成形」的企業家，必須從「信念＝志向＝夢想」出發**。

接著是「信用」。

意思是「相信與任用」。所謂的信用是指，拜託別人製作東西時，相信對方製造的品質。**要取得「信用」，必須要有過去的成績**。

第三個是「信賴」。

意思是「相信與依賴」，指的是「相信」結果會如自己所期待的。相較於根據過去事實評估的「信用」，**信賴是寄厚望於未來的意思**。

此外，還有「信託」這個詞彙。意思為「相信與託付」的「信託」，指的是將各種手續或決定全權委由可信之人，這個詞彙的對象比信用、信賴更廣，常被當作法律用語。

讓我們試著將上述的詞彙置換成英文吧。信用的英文是 Credit，源自「相信」的拉丁語。比方說，信用卡就是銀行相信過去的交易紀錄才得以使用的塑膠貨幣。

反觀剛剛提出的第三個例子，也就是「信賴」的英文是 Trust，這個單字的語源與 Truth（真實）相同，**都是在沒有證據也相信時所使用的詞彙**。順帶一提，信託的英文也是 Trust，信託銀行則是 Trust Bank 喔。

那麼熊彼得口中的信用具有上述的哪個英語語義呢？

由於企業家要創造的是與過去沒有直接相關的未來，所以無法單靠過去的成績取信於人。話說回來，沒有人能夠預測未來，所以無法盲目地相信。

因此**企業家除了得具有信用，也就是過去的成績，還得想辦法讓眾人對於未來**

**的期待（信賴），變得更加可信**。只有創造了信用與信賴，資本家才願意冒著風險提供資本。

「只有當信用的供給讓經濟上的購買力轉移，才能為現存的生產資源創造全新的使用方式。」

熊彼得也在《經濟發展理論》提到上述這番話。

由此可知，「創造信用」這項由銀行家提供的機能扮演了非常重要的角色，也是推動創新之際所不可或缺的角色。

## 洞察未來，不只是分析過往成績與現狀

企業家過去的經歷的確具有一定程度的參考價值，如果曾經創新成功，那當然是再理想不過的經歷。

此外，對於要推動創新的業界或是該事業的過去、現況與未來動向的分析也有

一定的參考價值。不過，只有這些的話，不足以判斷創新是否能夠成功。

那麼該怎麼做才能洞察與過去或現在沒有直接關係的未來呢？

這世上有許多由智庫或顧問公司製作的「未來藍圖」或是「未來預測圖」，這些藍圖或預測圖都描繪了許多看似即將成真的未來，讓那些想要借助外力的企業恨不得立刻撲上去。

不過這些多不勝數的預測充其量只是垃圾，誰都能預測這些符合常識的未來，而這些未來沒多久就會變成競爭的紅海。換言之，這等於是自己跳進某種與創新毫無關係的均衡狀態。

## 成功創新的三個要素

一如熊彼得所主張的，創新的原動力來自內部的動機，所以**銀行家若要確認創新的未來價值，就必須提出「正確的問題」**。而能回答這個問題的只有當事人，也就是企業家自己，銀行家則必須判斷企業家的答案是否滿足下列三個要件。

① Impactful（是否能震撼整個社會，創造極大的利潤？）

② Innovative（是否足夠新穎，具有該企業的特色？）

③ Implementable（是否可行？）

由於這三個要件都以「I」為字首，所以我將它們命名為「$^{3}$I（I立方）測試」。

熊彼得在銀行家該如何創造信用這點，沒有太多著墨，只提到銀行家必須了解企業家準備透過哪些方式創造「未來價值」而已。

我曾經支援一百間以上國內外公司的創新活動，對我來說，剛剛提到的「$^{3}$I測試」可說是測試企業家是否具有未來價值的石蕊試紙。最近，我也會將英語轉換為日本語，並且用「讓人很興奮」（ワクワク）、「有特殊性」（ならでは）、「很可行！」（できる！）這幾個詞彙來表達，各位讀者應該可以分辨出對應到前述以「I」為字首的哪個詞吧？

我彷彿又看到九泉之下的熊彼得在偷笑了。

## 目光不可局限於當下的價值

讓我們進一步探討熊彼得認為銀行家必須了解的「未來價值」。

就目前的主流而言，以「NPV」（Net Present Value，淨現值）判斷事業價值，是經營者或投資者慣用的手法，這是一種把未來的價值乘上利息或是一定的貼現率，讓未來的價值還原為現在價值的手法。比方說，以七％的貼現率除以十年後的價值，現在的價值就會減少一半。

另一方面，假設之後能產生與第十年相同的現金流，永續價值（Perpetual Value）就會占該事業現在價值的三分之二。

不過話又說回來，是否真能在十年後創造現金流，也實在讓人懷疑。這種對永續價值的觀察方式往往會左右投資的方向。

想當然耳，也會左右判斷企業價值的方向。

假設以十年之後的永續價值算出的事業現在價值為一百，那麼以未滿十年的時間評估事業的現在價值時，恐怕現在價值不到三〇％；若以短短一年的時間評估，恐怕只看得到五％不到的價值。炒短線的投資客不會將注意力放在十年後的現金流，只會關心五％以下的價值。

這就是現今資本市場或經營第一線常見的短期志向（短期主義）弊端。再這樣下去，能於十年後綻放美麗花朵的投資將得不到任何資金。

熊彼得將這種短期志向，以及短視近利的態度稱為「享樂主義」，**因為這些人只想著拿現金享受現在，不願意投資前景不明的創新**。

## 「中期計畫」沒有意義

只想著將帳上多餘的現金還給股東的經營者，恐怕只想著迎合炒短線的股東與拉高股價而已。

這種經營者或資本家沒資格談論創新。

話說回來，硬是將未來價值換算成「現在價值」到底意義何在？

如果想長期投資，想將希望放在十年後的未來，該重視的不是現在的價值，而是十年後的「未來價值」才對。要想推動在十年後開花結果的創新，當下是最重要的階段。

長期投資的投資者應該也是期待十年後的未來價值才對。

所以需要的是先擬定縝密的長期計畫，再從終點往回推算每一步，也就是短期計畫，然後再一步一腳印實施這些短期計畫。許多日本企業絞盡腦汁擬定的中期計畫都不上不下，只是「無用的冗物」而已。

日本企業自一九九〇年之後，就陷入「失落的三十年」這個死胡同。**我敢說，這就是陷入「現在價值」這個轉瞬即逝的KPI（Key Performance Indicators，關鍵績效指標）迷思之中，被「中期計畫病」束縛的結果**。在如此短暫的時間軸之中，只會陷入為了維持均衡而不斷縮小規模的困境。這就是源自熊彼得所說的「靜態經濟」的思維，陷入如此困境的企業「美其名是成熟，但實質上是衰退」。

到底該怎麼將現在的價值轉換成未來的價值？這是企業家的任務，也是負責創造信用的銀行家所該扮演的角色。

正因為前景不明，所以我們才期待將希望寄託於未來價值的企業家與銀行家登場。

## 創造未來是銀行家的任務

熊彼得認為，銀行的任務在於「投資」，而投資包含出資（投資股票）與融資（投入資金）。

話說回來，各位讀者覺得投資與投機有何不同呢？

**投資是「投入資金」，而投機是將資金「投注在機會（偶然）」**。寄希望於投資標的的未來性，藉此從中獲利的行為是「投資」；而預測價格波動，炒短線獲利的行為是「投機」。

創新的本質在於創造未來的價值，所以才需要「投資」。

順帶一提，「投資」的英文是 **Invest**，意思是 **In**（放入）**Vest**（背心），也就是放入懷中珍惜、片刻不離身的意思。與其使用「投」這個動詞，**Invest** 這個單字更有「穿在身上」的語意，所以與其說成「投資」，還不如說成「著資」。然而，若是翻成「著服」，只會讓人想到雙手放在後面的樣子而已。

銀行家不僅能主導每個投資標的的未來，還能引導社會經濟的未來，因為，就如熊彼得所主張的，創新向來是叢生的。

在熊彼得生活的二十世紀前半，專屬於工業社會的創新非常興盛，進入二十世紀後半之後，適用於資訊社會的創新也如雨後春筍般出現。

**可見銀行家能調轉資金流向，促進整個社會的創新活動。**

進入二十一世紀之後，創造永續發展社會成為一大主流，銀行家可透過ＥＳＧ投資或影響力投資的方式，支持為了社會永續發展而推動的創新。

熊彼得將懂得為了未來而努力的人稱為企業家，而相信企業家描繪的未來，幫企業家打理大小雜務，正是銀行的任務。透過投資與企業家共創理想的未來，正是現今銀行家需要具備的特質。

**影響力投資**

同時得到社會性報酬與財務性報酬的投資。

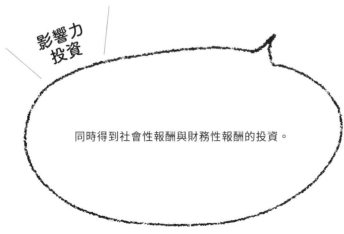

## 投資永續發展也該創造財務價值

投資永續發展已經成為社會共識，而這些投資都被視為「不具財務性質」，也就是無法於財務指標反映的投資，但這麼一來，就無法成為熊彼得口中的創新。

投資永續發展當然也會產生成本，而且還會被列入各種財務報表，但是對環境或是社會做出的貢獻，卻往往被當成非財務性指標。也就是說，投資永續發展時，在財務方面只能掌握成本相關的資訊。

意思是，雖然不符合成本，但是對社會有所貢獻就可以了嗎？

這與透過稅金維持永續發展在本質上是一樣的。以「企業社會責任」（Corporate Social Responsibility，CSR）為名的社會貢獻就是最典型的例子，從最初就被歸類為「無法盈利」的項目。

不管是永續發展的投資，還是為了未來的投資，對公司來說，都必須認列為成本。但熊彼得又說，所謂的創新是投入現有的資產、創造未來的價值，因此，如果要將永續發展的投資列入財務報表，那麼財務方面的報酬就必須超過投資成本。

如果僅僅滿足於非財務的貢獻，這種投資不過是種慈善活動。如果是NGO

（Non-Governmental Organization，非政府組織）或NPO（Non-Profit Organization，非營利組織）這類角色，或許真的可以不問財務方面的報酬，但如果是民營企業的話，這麼做會讓永續發展的投資變成產生利潤之後的「餘興節目」。為了提升非財務方面的價值而大手筆投資永續發展的話，企業本身的永續發展反而會受到威脅。

企業若要創造未來價值就必須創新，**對於創新的投資必須是能創造財務方面的未來價值，也就是必須產生「未發生的財務價值」**。

想必各位讀者已經知道，如果不希望投資永續發展被冠上無法盈利的惡名（所謂的ESG漂綠），就必須認真投資永續發展，讓這方面的創新開花結果。

**ESG漂綠（ESG Wash）**

企業在環保議題大肆宣傳自己，但實際作為卻少之又少的意思。

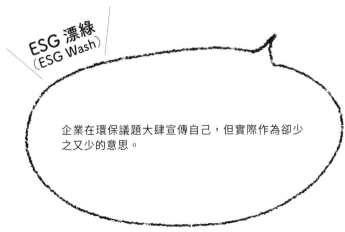

## 新組合需要智慧、人才、顧客、生態圈與品牌

前面提到創新可透過「新組合」實現，那麼新組合需要哪些資產才能創造未來價值呢？

**第一個需要的資產是「智慧」。**

**所謂的智慧是指，知道什麼與什麼組合，能創造什麼價值的洞察力。**必須透過建立假設以及驗證假設的過程培養這方面的智慧。

**第二個需要的資產是「人才」。**

企業家若只憑一己之力，或許可以順利起步，卻無法擴大規模，所以**必須吸引更多志同道合的同志，組成一支強大的團隊，朝著夢想不斷前進與挑戰。**

**第三個需要的資產是「顧客」。**

**需要了解新組合的價值，願意嘗試，成為支持者的顧客。**一旦這種客群擴張，

事業規模就會跟著擴大。

**第四個需要的資產是「生態圈」。**

生態圈又可稱為企業網絡。只有自家公司的話，是無法創造多大的價值的。**提供原料的供應商，負責銷售的管道，能彌補自家公司不足之處的夥伴都是不可或缺的。**

**第五個需要的資產是「品牌」。**

品牌也就是所謂的「信用」。前面提過，企業家的資本就是「信用」，**要想募得資金，吸引人才或是顧客，都需要所謂的品牌。**

## 無形資產也應被視為成本

上述五個無形資產看似彼此獨立，但其實環環相扣。

例如智慧或品牌都能帶來「人才」，而所有的無形資產都會累積為品牌（信用）

## 推動新組合所需的五種無形資產

### 1. 智慧

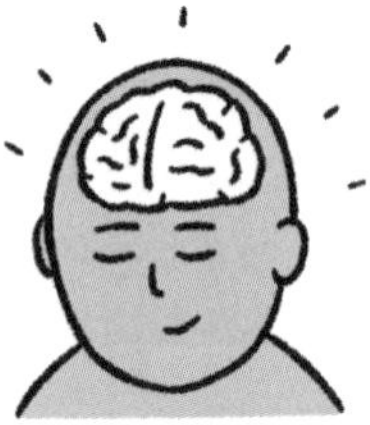

建立與驗證假設

### 2. 人才

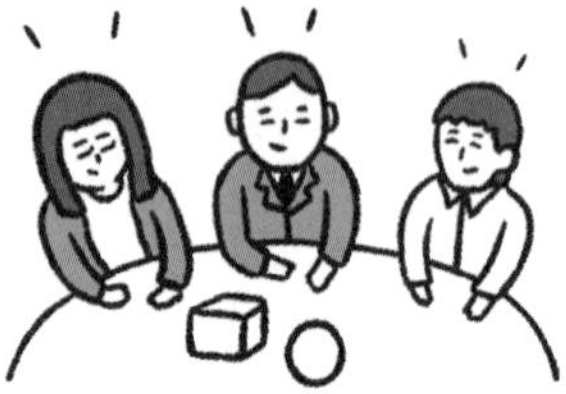

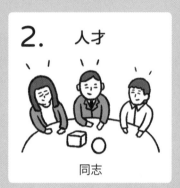

同志

### 3. 顧客

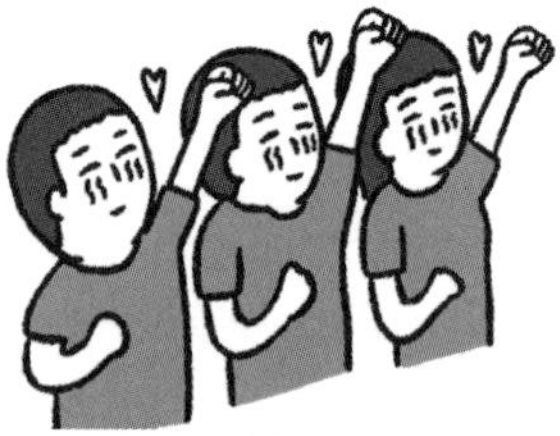

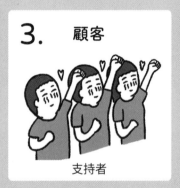

支持者

### 4. 生態圈

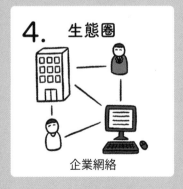

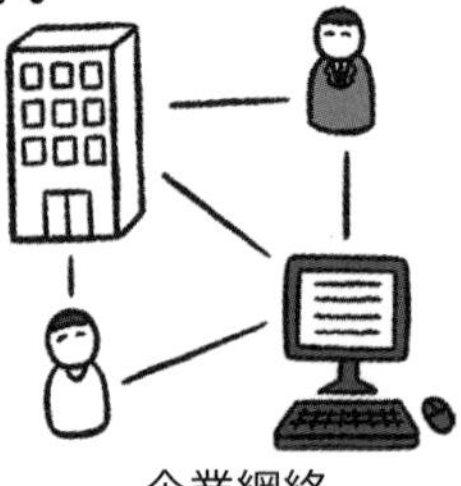

企業網絡

### 5. 品牌

信用

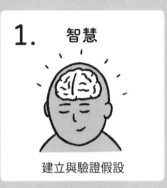

價值，品牌又能提高其他資產的價值。

這些資產又稱為「知識資產」、「人才資產」、「顧客資產」、「關係資產」、「品牌資產」，都可歸類為無形資產。

財務指標只能列舉金錢或是物資這類有形資產，因為這些比較容易算出市場價值。

用於累積知識資產的研究開發費用、拓展客群，提升品牌知名度的廣告宣傳費用與人事費在損益表（Profit and Loss Statement，P／L表）上都被列為成本。**換句話說，投資創新時，只會認列成本，卻不會認列能夠創造未來價值的無形資產。**這就是現代會計學的極限，無法正確評估創新的價值。

想要推動創新的企業家與銀行家，**會以這些無形資產創造未來價值的邏輯（我稱這種邏輯為「價值創造方程式」）向資本市場提出訴求，博得資本市場的共鳴與信賴。**

重點不在於永續發展或是非財務價值這些冠冕堂皇的理由，以無形價值為主軸，寫出一個簡單易懂的價值創造劇本，讓資本市場知道你要創造的價值，才是創新的關鍵。

## 銀行是為了促進「社會發展」而存在——澀澤榮一

最符合熊彼得口中的「銀行家」是誰呢？

在日本的話，絕對非澀澤榮一莫屬。

二〇二一年，澀澤榮一的故事被翻拍成NHK大河劇之後，應該有許多人因此知道這號人物。澀澤先生創立了日本第一個近代銀行「第一國立銀行」，並於一八七三年擔任第一任總裁，這一年也是熊彼得出生之前的十年。

澀澤在當年提出「喻於義，不喻於利」的信念。這句話出自孔子的《論語》（君子喻於義，小人喻於利），指的是我們該追求的不是利益，而是該為了促進社會發展這份「大義」努力，**將「投資社會發展」視為銀行存在的意義**。

澀澤榮一後來又進一步參與五百間營利事業以及六百間社會事業，**也扮演了製作人的角色，讓許多企業家得以嶄露頭角，為近代日本奠定基礎**。

銀行與企業當然不能忽視盈利，這部分與那些打著永續發展旗號的事業完全不同。

澀澤的思想於一九一六年整理成《論語與算盤》這本演講集，而他的思想也被稱為「義利合一論」，澀澤本人也不斷地提倡**「公益與私利得以並存」**這個概念。

澀澤榮一的玄孫澀澤健，將義利合一論稱為「And」（與）的思想，而不是「Or」（或）的思想，完全貼合《論語「與」算盤》這本著作的書名，若以現在的話來說，就是「Purpose And Profit」（志向與利益）。

歐美世界很習慣以非黑即白的角度看待事物，而這是一種不是A就是B的數位思維。

反觀東亞世界，尤其是日本，自古以來就有所謂的二元合一思想。而將這種二元合一的思想重新詮釋為「絕對矛盾的自我同一性」哲學論的，正是與熊彼得幾乎同一世代的西田幾多郎。順帶一提，西田的出道著作《善的研究》

**澀澤榮一**

**（1840～1931）**

於江戶時代末期，從農民晉升為武士，又從尊攘派志士成為德川慶喜的家臣。之後成為明治政府的官僚，於企業界大展身手。

於一九一一年出版，比熊彼得出版第一主要著作《經濟發展理論》還要早一年。

這種思想在過了五十年之後，總算於歐美普及。促成這波浪潮的其中一人，是法國解構主義哲學家雅各・德希達（Jacques Derrida）。德希達認為，我們應該「解構」（Deconstruction）二元論的世界，以二元共生為目標。雖然二元共生離二元合一這種東洋思想還有一步之遙，但已經是長足的進步了。

讓我們將話題拉回澀澤榮一吧。雖然澀澤被譽為「日本的資本主義之父」，但各位讀者可知道，澀澤提倡的不是資本主義，而是「合本主義」。

**所謂的合本主義是指為了追求符合公益的使命或目的，累積最適當的「人才與資本」，藉此推動相關事業的思維。**從這個定義可以發現，除了「投資」之外，還要「結合」

**雅各・德希達**
**（1930～2004）**

哲學家。於法屬阿爾及利亞出生的猶太裔法國人。目標是擺脫二元對立，活化哲學。

思想，換句話說，這個定義蘊藏著「新組合」的思維，這也是熊彼得口中的銀行家最為理想的樣貌。

若問哪一位足以在二次世界大戰之後代表日本的銀行家，應該很難不提到中山素平這號人物。

中山素平曾擔任日本興業銀行的總裁，協助許多企業創立，著手推動大型企業的合併，徹頭徹尾是一位讓日本經濟得以在戰後起飛的銀行家。由於他在每一次對日本經濟造成重大影響的分水嶺都有建樹，所以又被譽為「財經界的鞍馬天狗[15]」，若以戲劇比喻，他就是一位知名的製作人。

澀澤的第一銀行與中山的日本興業銀行的後裔就是如今為人所知的「瑞穗銀行」，真希望現在的銀行家能不辱

15 「鞍馬天狗」是日本民間傳說中的一種妖怪形象，以傳授牛若丸（平安時代武將源義經的幼名）劍術的傳說廣為人知，是一種有著超凡能力的神祕存在。

**中山素平**

（1906～2005）

經濟專家、銀行家。曾於學生時期親眼目睹昭和金融恐慌，畢業之後，便立刻進入日本興業銀行服務。

這些大前輩之名，早日尋回身為銀行家應有的矜持。

## 創投基金讓創新得以孵化

近年來，新銀行在創新方面扮演的角色備受矚目。這節讓我們一起了解兩種業態。

其中一種為PE（Private Equity，私募股權基金）。

這是一種提供現存企業資金，深入參與該企業的經營，提升該企業的價值之後，賣出該企業，賺取高額利潤的投資基金。由於這類基金的投資標的都是那些具有潛力，卻還未開花結果的企業，所以又被稱為再生基金或是價值提升基金。

這種業態可說是將重點放在創新所需的新陳代謝之上，不過就大部分的情況來看，真正的創新都是由接手該企業的企業進行。

另一種業態則是VC（Venture Capital，創投基金）。

## 紅杉資本與凱鵬華盈

紅杉資本→
1972 年創業的紅杉資本以半導體產業集散地北美矽谷的門羅公園為根據地，目前是全世界規模最大的創投基金。
凱鵬華盈→
1972 年創業，以加州的門羅公園為根據地。

這是一種投資未上市的新興企業，等到該企業正式上市之後，賣出該企業的股票，透過股價的價差獲利的投資基金。

這種業態會讓前所未有的價值創造流程提早出現。**如果熊彼得還活著，一定會對創投基金讚譽有加，因為創投基金才能催生創新，也是銀行該扮演的角色**。

矽谷之所以能同時出現許多創新，與創投基金在其中扮演了重要的角色有關，其中又以紅杉資本（Sequoia Capital）與凱鵬華盈（Kleiner Perkins）這兩個創投基金為巨頭。

紅杉資本的投資標的為蘋果公司、雅虎、谷歌、YouTube、Instagram；而凱鵬華盈的投資標的則為亞馬遜、臉書、賽格威（Segway）、推特，這些都是與GAFA齊名的世界級數位企業。

這些創投巨頭的共通之處在於，只投資1→100這種高潛力的企業，不會投資0→1這種草創時期的新興企業。

## 同時扮演「企業家」與「銀行家」的彼得・提爾

各位讀者可曾聽過彼得・提爾（Peter Andreas Thiel）這位傳說級的創業投資者？他也是PayPal創辦人之一。若提到PayPal創辦人，大家都會先想到前面提及的伊隆・馬斯克，但是被「PayPal黑手黨」稱為老大的正是彼得・提爾。PayPal是從美國出發，後來於全世界普及的線上支付服務。由於金流的部分是由PayPal負責，所以消費者不需要提供信用卡號碼或是帳戶號碼給商家，PayPal也因此享有安全交易的美名。彼得・提爾於二〇二〇年讓自己創立的大數據分析集團「帕蘭泰爾」（Palantir Technologies, Inc.）上市，總市價瞬間噴上二百一十四億美元，也因此引起話題。

彼得・提爾本身是企業家，又曾是創業投資者，一個人扮演了熊彼得口中負責推動創新的兩個角色，簡直是充滿光環的超級明星。

　彼得・提爾出版了《從0到1：打開世界運作的未知祕密，在意想不到之處發現價值》（*Zero to One: Notes on Startups, or How to Build the Future*）。在書中他以「七個提問」的形式，說明了創新成功的條件。

**①工程：是否能開發劃時代的技術，而不只是階段性的改善？**
**②時機點：現在是最適合創立這份事業的時候嗎？**
**③獨占：是否從能夠占領大部分市場的小市場開始？**
**④人才：能否打造理想的團隊？**
**⑤銷售：除了製作商品之外，有辦法將商品送到顧客手中嗎？**
**⑥永續性：是否建立能夠存活十年或二十年的定位呢？**

**彼得・安德烈亞斯・提爾**
（1967～）

於美國出生的創業家、投資人。

### ⑦隱藏的真相：是否找到其他公司尚未察覺的機會呢？

如何？雖然這本書的書名是「0→1」，但擺明了是將目標放在「1→100」對吧？

上述這些問題的標題是「7 Billion Dollar Questions」，也就是「能賺取十億美元的七個問題」，意思是從一開始就鎖定能創造十億美元的創新。

## 組織是為了從毛毛蟲蛻變成蝴蝶

矽谷曾有一段時間很流行「精實創業」（Lean Start Up Model）。所謂的精實創業是指，盡可能以精簡的費用製作最低需求的產品（精實），一邊確認顧客的反應，一邊決定產品方向的管理手法。但是到了現在，這種手法已

書籍資訊

**從 0 到 1**

**打開世界運作的未知祕密，在意想不到之處發現價值**

**彼得．提爾合著**
**季晶晶譯**
**天下雜誌（2014 年）**

在正統的新創企業或是眼光獨到的創投基金之間完全銷聲匿跡。「精實」固然是可取之處，但後續才是問題。想必讀到這裡的讀者已經知道問題出在哪裡了。

彼得．提爾曾從下列四點指出精實創業的缺點。

**①不該沒有任何根據就轉換方向，而是該確定接下來該走的路。**
**②該重視的是猶如藍海的市場（潛在顧客），而不是現有的顧客。**
**③一開始就要提出宏偉的願景，而不是階段性目標。**
**④除了生產商品之外，也要重視行銷與銷售。**

天外飛來一筆的「0↓1」的靈感只是巨型垃圾，一開始就該將目標放在潛力無窮的「1↓100」的「1」，否則肯定無法創新成功。

提爾的確一再強調「1」的創意有如璀璨的瑰寶，但創意只是一種垃圾，而且也不具備重現性。**企業家必須具備高超的組織管理能力，好讓1↓100的劇本不斷重新上演**。能否賦予組織「擴張事業規模的能力」，是成功的關鍵。

前面提過，熊彼得將新組合的手法分成五種（一一二頁），但這些手法大都可以模仿，**就連熊彼得自己都曾經提過，在企業家成功創新之後，一定會有許多模仿者接二連三出現，未來價值也會瞬間被競爭的漩渦吞噬**。那麼該怎麼做，才能持續成長呢？

最理想的方法就是持續創新，這也是蘋果公司、亞馬遜、谷歌，也就是GAFA的拿手好戲。若以熊彼得所說的五種新組合手法來看，光是擁有第五個的組織能力就得以持續進化。

最近的矽谷很流行「Lean & Scale」（精實與擴張）的概念，只有從毛毛蟲幻化為蝴蝶，從精簡的狀態擴張規模，才是真正的成功方程式，我們也該將這個概念牢牢記在心裡。

## 在全日本蔓延的「重視創意病」

那麼，日本的現況又如何？

現在日本出現了一股模仿矽谷的歪風，充斥著一堆亂七八糟的創投基金，就連現存企業之間，也不斷出現企業創投基金（Corporate Venture Capital）。所謂的企業創投基金就是創投基金的企業版，也就是大企業投資充滿創意的新創企業的意思。

只可惜，不管是創投基金還是企業創投基金，在日本都是慘澹收場。我很常聽到「創投的成功機率本來就很低，要有『投資一千個，回收三個的覺悟』」這種藉口，但有時候連回收三個都做不到。別說將目標放在創造價值十億美元的事業，能夠生出價值一億的事業就已經很不錯了。

為什麼日本的創投基金與企業創投基金會如此失敗？

這是因為日本的創投基金與企業創投基金還停留在「精實創業」的幻想之中。這些創投基金與企業創投基金的共同口號就是MVP（Minimum Viable Product，符合最低使用標準的商品），不斷地將MVP這種半成品送進市場進行POC（概念驗證），被天馬行空的創意與外來（但已經過時）的理論耍得團團轉。

我把這種現象稱為POC病。一旦罹患這種病，就只會製造出一堆又一堆「0→1」的垃圾山。

前面提過，熊彼得口中的創新不需要驗證創意，而是讓創意成為社會實質標準，「1→10」、「10→100」才是一決勝負的階段。

為了成功創新，在透過MVP的商品精實創業之後，必須不斷地從市場汲取經驗，讓事業不斷進化（轉向）與擴大規模。日本的創投基金與企業創投基金的致命缺點在於缺乏「Speed & Scale」（速度與擴張）這一塊。

## 唯一看出日本電產潛力的創投基金

就我所知，日本只有一個成功的創投基金，那就是「京都企業發展」（Kyoto Enterprise Development，KED）。應該很少人聽過這個創投基金才對。

這是於距今五十年前的一九七二年創立，日本歷史最為悠久的創投基金。

發起人兼社長是已故的歐姆龍（OMRON）創辦人立石一真，而KED則是他與華歌爾、京都銀行、京都經濟同友會成員共同發起的創投基金。

世界第一電機公司日本電產的永守重信會長曾說，在日本電產陷入存亡危機之際，是KED拉了日本電產一把。**於一九七三年創業之後，隨即資金告罄的日本電產從KED得到五百萬日圓的融資，總算起死回生，後續也迎來空前的成長**。正因為有KED的支持，日本電產才得以在全世界展翅翱翔。

除了歐姆龍與日本電產之外，京都是一塊催生創新的風水寶地，例如京瓷、村田製作所、島津製作所、堀場製作所、羅姆株式會社、任天堂等，都是源自京都的企業。熊彼得會對京都如此著迷，或許並非偶然。

遺憾的是，KED於一九八〇年解散，同一時間，於一九七〇年代興起的「第一波創投熱潮」也退燒。

之後於一九八〇年代前半興起的「第二波創投熱潮」、一九九五年前後的「第三波創投熱潮」，以及從二〇一三年延續至今的「第四波創投熱潮」，在在證明了日本人不懂得記取教訓，能像GAFA那般揚名全世界的創新者，只有第一波創投熱潮的日本電產與第二波創投熱潮的軟體銀行。

話說回來，連軟體銀行也已經徹底變身為以願景基金為主軸的投資公司，投資標的多為美國、中國與印度的外國企業。

從一九九〇年代初期的泡沫經濟瓦解開始的「失落的三十年」，即將邁入失落的四十年，而在這段期間，熊彼得口中的創新幾乎在日本銷聲匿跡。

許多銀行家都忍不住感嘆，日本遲遲沒有真正的企業家誕生，不過，讓POC病恣意蔓延的銀行家是否該以同罪論處呢？

**根據日本電產的永守會長的說法，當他抱著死馬當活馬醫的心情，向ＫＥＤ申請融資時，立石創辦人親自來到還只是在倉庫角落經營事業的日本電產。**

立石創辦人一眼看出永守會長將是足以代表日本的企業家，也立刻放行融資。

對於此次融資銘感五內的永守會長在其最新著作《永守流經營與資金的原則》（永守流　経営とお金の原則）之中，對最近的風潮如此批評：

「我認為，創投資金群魔亂舞，資金唾手可得的狀況並不樂觀……一旦能夠快速地取得資金，反而會出現揠苗助長的問題。」

書籍資訊

## 永守流經營與資金的原則

**永守重信著**
**日經 BP（2022 年）**

與銀行來往、了解客戶的一切、股票上市、併購……書中介紹了中小創投企業與大企業都適用的基本知識。

## 利用無形資產，創造十倍以上的企業價值

所以現在的日本已無法期待熊彼得口中的創新了嗎？

當然不是，也絕對不是。等著冒出頭的企業家、想讓「夢想具體實現」的人多不勝數，尤其許多MZ世代的年輕人都有遠大的志向，想試著解決社會問題。

遺憾的是，這些志向最終都如同璀璨但轉瞬即逝的煙火，無法擴大規模。

打著「企業創投」的名號，由MZ世代在企業內部一手推動的新事業開發「家家酒」，也嗅不到半點事業規模擴大的可能性。

結果就是，一半以上的日本企業都無法逃出股價淨值比（Price-Book Ratio，PBR）跌破一的慘況。

這是企業價值低於有形資產總和的異常現象。如果一直沒有任何起色，那麼解散公司或許比持續經營事業更能產生價值。

股價淨值比低於一意味著日本企業長期累積的無形資產被忽略，這實在太過可惜。**於當下「靈活運用」的匠人智慧是日本足以誇耀的世界遺產**。即使放眼全世界，日本的人才與顧客的水準，或是人才與顧客共生的價值觀，都是屈指可數的優秀。

為什麼資本市場不看重這些有可能在未來產生價值的無形資產呢？

主要應該有兩個原因。

**第一個原因是，尚未找到讓這些無形資產轉換成未來價值的方程式。**

所以日本企業只能坐擁金山銀山卻空手而回。**那些奉行股東激進主義，只想著炒短線、賺快錢的股東總是會大喊：「趕快賣掉那些無法轉換成價值的無形資產，把錢還給股東吧。」**

**另一個原因是這些無形資產尚未轉換成品牌資產。**如果員工、顧客、社會與股東都充分了解這些無形資產的價值，該企業的品牌價值就會上漲，企業價值也會連帶上漲，這才是日本企業向來重視的賣方、買方、社會皆大歡喜的

PBR

股價淨值比是指每股價格是純資產幾倍的意思。
這個數值越低，代表股票越便宜。

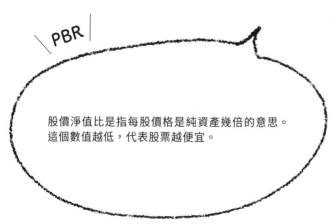

「三贏」精神。

反過來說，這也是日本企業迎來爆發性成長的機會。**那些看似「被冷凍」的無形資產，其實是能產生未來價值的寶山**，當然也是充滿創新機會的寶庫。

等著冒出頭的日本企業家以及真正的銀行家，不要再天真地隨著永續發展的口號起舞，也不要再打著創新的名號，堆出一座又一座名為ＰＯＣ的垃圾山。

日本經濟團體聯合會於二〇二二年三月提出「新創躍進遠景」這個概念，希望能催生出十萬間新創企業，以及一百間獨角獸企業。可惜的是，新創公司再多，也只是增加一堆垃圾山而已。

催生獨角獸企業固然重要，可惜的是，不管政府或經濟團體如何折騰，終究會與之前的新創企業培育計畫一樣，竹籃子打水一場空。因為創新不該是由政府或團體發動，而是該由擁有遠大志向的企業家發動。

如果能找到活用自家公司的無形資產，擴大創新規模與創造價值的方程式，應該就能一邊解決全世界的社會問題，一邊提升自家公司的未來價值才對。如果能讓

### 獨角獸企業

指的是公司價值高於十億美元，創立時間未滿十年的非上市新創企業。

更多人認知這點，要讓企業價值更上一層樓也不再是夢想。

**如今全世界的優良企業都以無形資產為槓桿，創造了十倍的有形資產與企業價值。**

我將這種經營方式稱為10X（十倍）經營。

要想創造十倍的有形資產或企業價值，就必須發動熊彼得口中的創新，以及讓這個創新擴大規模。

在永續發展成為全世界課題的現在，正是我們擴大創新規模，實現10X經營方式的最佳機會！

chapter

# 7 判斷時代的波動

## 企業家要能判讀趨勢，逆勢而行

在景氣跌至谷底的時候，我們常會陷入「找不到出口」的錯覺，但是景氣不可能永遠下滑，一如黑夜之後，白晝必定來臨，再長的隧道也終有出口。

當景氣突然下滑時，請各位一定要想起諾貝爾文學獎得主日本作家川端康成的名著《雪國》開頭的第一句話：「穿過縣界長長的隧道，便是雪國。」只要能想像接下來將別有一番天地，那麼即使身處黑暗，也會雀躍不已。

此外，各位讀者可聽過「山高谷更深」這句名言呢？

據說這是某位知名投機客的名言，意思是，股市漲得越兇，之後就會跌得更慘。不管是誰，應該都有因為得意忘形而慘跌的經驗吧。

這句名言其實也可以反過來解讀，也就是「谷深山更高」，意思是，在景氣跌至谷底之後，必定大幅反彈。景氣越是不佳，越是採取下一步的大好機會。

**歷史一再告訴我們，景氣總是如此上下波動與循環。**

仔細想想就會發現，這道理不僅適用於景氣，也適用於人生，一如「塞翁失馬，焉知非福」或是「有樂就有苦」這類名言，我們不該為了當下的幸運或不幸而開心或憂慮，而是要在時間的洪流之中，判讀自己目前的定位。

企業家必須時刻將這種時間軸放在心裡。

這是因為前面也提過，不再將經濟視為靜態的死水，而是「動態」的活泉，是企業家的使命，更何況這股躍動並非雜亂無章，而是有脈絡可循的。**熊彼得將這種時代的浪潮稱為「波動」**。

若能判讀這種波動，就能在適當的時機點推動創新，而我們在那個時間點該做的是判讀未來，逆勢而起，不能只是急著解決眼前的問題。

重點在於將景氣下滑視為機會，視為發動創造性破壞的大好時機，也要在景氣好轉的時候，貫徹「資產輕減」（Asset Light）政策，以便應付景氣下滑的情況。

不過，大部分的企業卻倒行逆施，也就是在**景氣下滑時裁員，在景氣好轉時積極投資**，就時機點而言，這都是最糟糕的決定，會白白損失機會成本，與陷入過度投資的陷阱。

注意景氣動向的觀察力非常重要。

不過，**對於「採取行動的人」、也就是企業家來說，更重要的是判讀趨勢，逆勢而行的決策力**。對於企業來說，了解景氣循環的模式，無疑是幫助自己正確判讀未來的羅盤。

## 景氣會上漲，也會下滑

熊彼得在第二次世界大戰爆發前夕的一九三九年出版了《景氣循環理論》。這是熊彼得在出版第一主要著作《經濟發展理論》（一九一二年）之後，睽違四分之一個世紀出版的力作，稱其為熊彼得的第二主要著作也不為過。

聽到如此推薦本書，各位是不是也想一窺殿堂之妙呢？不過，這本書多達五卷，讀起來相當吃力，而且已經絕版，中古書也不多，無論如何都想一讀的讀者，可試著去大型圖書館找找看。

不過，其實各位讀者也不用太擔心，因為本章會徹底解說景氣循環理論的精髓，若以NHK的E電視台熱門節目的口吻來說，本章就是「100分de景氣循環理論」這檔節目[16]。

前面提過，創新是叢生的，企業家推動創造性破壞之後，將推開蘊藏機會的大門，許多模仿者也會撲向這扇大門，所以會出現許多高度同質性的創新。社會的整體經濟活動也會因此變得活絡，景氣也跟著上揚。

不過，最終還是會陷入供給過剩的狀態。

當競爭越來越激烈，企業家的先行者優勢（First-Mover Advantage）不再，整體市場的盈利力道也將跟著衰減，這就是景氣下滑的局面。熊彼得認為，原本動能滿滿的經濟將回到靜態的狀態。

最終，經濟活動將成為波瀾不起的一灘死水。

這就是「景氣不佳」的實情。

大部分的人聽到景氣下滑，都會聯想到狂風暴雨的景象，這純粹是因為許多人在經濟蕭條的時候會苦苦哀嚎而已。**所謂的不景氣是指，經濟變得死寂，也就是完**

16 「100分de名著」是日本NHK的電視節目，自二〇一一年開始播出，透過來賓簡潔易懂的說明，以及朗讀、動畫、連環話劇等各種表演，介紹古今中外深奧的經典名著。

# 景氣循環理論

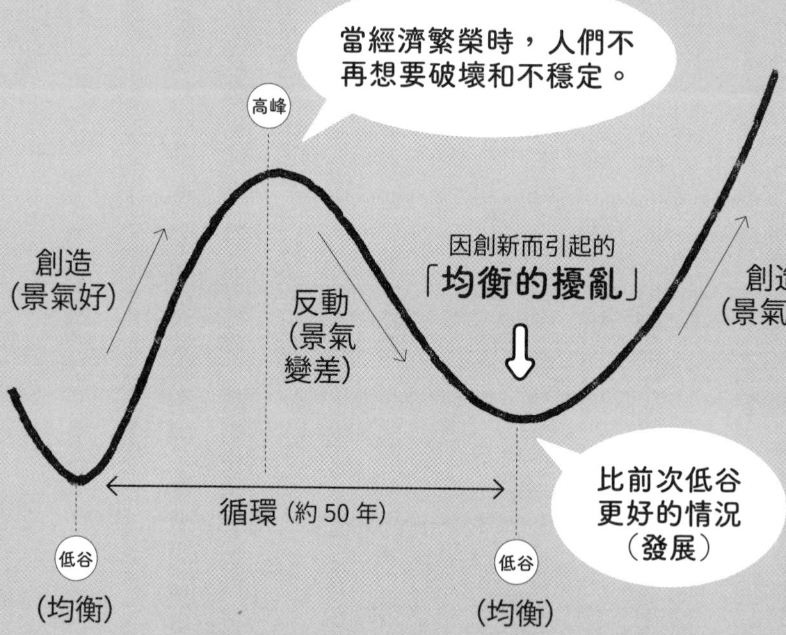
當經濟繁榮時，人們不再想要破壞和不穩定。
高峰
創造（景氣好）
因創新而引起的
「均衡的擾亂」
反動（景氣變差）
創造（景氣好）
循環（約 50 年）
低谷
（均衡）
低谷
（均衡）
比前次低谷更好的情況（發展）

**全「風平浪靜」的狀態**。

為了在這種靜態的狀態有所突破，下個世代的企業家便發動創造性破壞，景氣的齒輪也就因此再度轉動，經濟也進入景氣上揚的循環。

這就是熊彼得的景氣循環理論的骨架，如何？應該比想像中簡單吧？這種循環就是與我們息息相關的經濟的真實情況。

其實很久以前就有許多人討論景氣循環的理論，比方說，法國醫師兼統計經濟學家的**克里門特・朱格拉（Joseph Clément Juglar）在熊彼得出版第一主要著作的半個世紀之前，就曾提出「景氣每十周年循環一次」的說法**。

乍看之下，熊彼得似乎是在冷飯熱炒，那麼他的景氣循環理論還有價值可言嗎？

**約瑟・克里門特・朱格拉**
**（1819～1905）**

法國醫師、經濟學家、景氣循環研究者。

我認為其中應該有兩大價值。

## 經濟是在景氣波動的過程中持續發展

第一個價值就是點破「景氣之所以循環，全是因為創新」這個道理。熊彼得曾說，沒有創新，景氣就不會循環。

創新是一種創造性破壞，破壞的是景氣不佳這種均衡狀態，讓經濟得以好轉，景氣得以上揚，這也是熊彼得對創新的定義。

那麼，為什麼景氣無法持續上揚呢？一如前述，同質化的競爭變得激烈之後就無法產生利潤，而這個說明也十分合理。

**在景氣上揚時，不希望出現「破壞」與「不穩定」，只希望一切維持「均衡」與「穩定」，是經濟社會與生俱來的本質。**熊彼得將這種風平浪靜的狀態被創新攪亂一池春水的現象稱為「均衡的擾亂」。一旦出現這種現象，就會有另一股撥亂反正的力量出現，企圖「還原原本的均衡狀態」，熊彼得稱這種對於創新的反作用力為「反動」。

熊彼得在其《景氣循環理論》如此說道：「被攪亂的經濟隨時都想恢復原有的均衡。」

也將這種企圖恢復均衡的經濟習性稱為「反應裝置」。

不過，這種風平浪靜的情況，也就是新的均衡狀況，並不長久，因為破壞均衡的創新又會再次發動。經濟就在這靜態與動態的世界不斷循環之下持續發展。

要請各位讀者注意的是，景氣雖然會不斷循環，卻不會回到前一波的均衡狀態，因為創新會帶來進化，讓經濟社會更上一層樓，**這正是熊彼得口中的「發展」的本質，這一切不純粹是某種反覆的過程或是「進展」**，此時的重點也在於創新。

其實我們在景氣下滑的時候，也會想辦法拉抬景氣，這在經營的世界稱為「V型反轉」，不過，若只是「還原」為本來的景氣，經濟是無法進化的，而且只隨著朱格拉口中的波浪漂流，什麼努力都不做，還能每十年迎來一次V型反轉的企業少之又少。這種經營模式根本稱不上「V型」，而是「W型」，只是隨著時代巨浪起伏而已。

此外，我們也要特別注意最近很流行的「新常態」（New Normal）。一如前述，所謂的「常態」並不長久，當一波波新的浪潮襲來，人們將被迫放棄躲在常態之中的心態。

簡單來說，「變化無常才是常態」。所謂的新常態也可解釋成非常態，這聽起來很玄，像是某種充滿禪意的問答，但我相信對於熊彼得的思想已有相當程度理解的讀者，一定明白個中奧妙。

## 景氣每五十年循環一次

第二個價值是點出景氣循環是由三道循環波浪疊合而成。

這三個波浪分別是約三年循環一次的基欽循環（Kitchin Cycles）、約十年循環一次的朱格拉循環（Juglar Cycles），以及約五十年循環一次的康德拉季耶夫循環。

在此為各位讀者簡單說明這些循環。

「基欽循環」是由美國經濟學家約瑟夫・基欽（Joseph Kitchin）於一九二三年

## 景氣循環的四道波浪

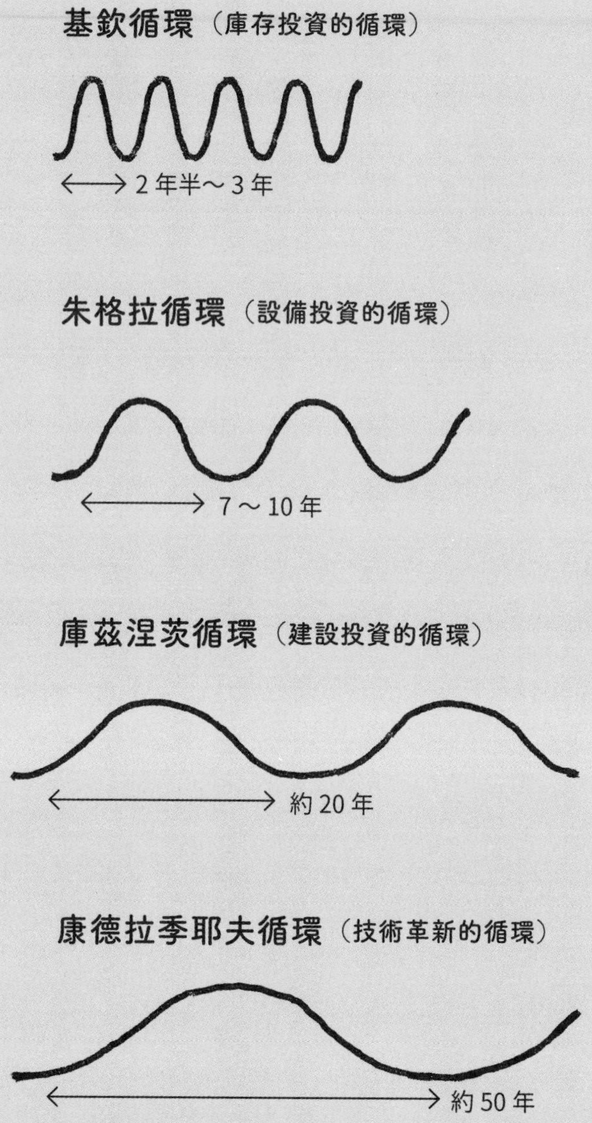
基欽循環（庫存投資的循環）
2 年半～3 年
朱格拉循環（設備投資的循環）
7～10 年
庫茲涅茨循環（建設投資的循環）
約 20 年
康德拉季耶夫循環（技術革新的循環）
約 50 年

提出的主張，指的是**由企業庫存量變動所造成的三年短期波動**。

一般認為，從一九九〇年代開始，企業利用數位技術減少庫存量之後，這種循環便不復見。

不過，由於供應鏈常面臨斷鏈的危機，比方說，這些年的新冠疫情或是國際紛爭，都是造成供應鏈斷鏈的因素，所以也有人示警，基欽循環將捲土重來。

至於「朱格拉循環」，就如前面所介紹的。**若問為什麼是每十年循環一次，主要是因為企業投資設備的周期所致**。換句話說，「朱格拉循環」是約十年循環一次的中期波動。雖然這種理論已存在超過一百五十年以上，但是在半導體的投資或是其他實體經濟的活動，都還能見到這種理論的色彩。

而「康德拉季耶夫循環」是由俄羅斯經濟學家尼古拉．康德拉季耶夫於一九二五年發現的循環，指的是約五十年一次的長期波動，也假設具破壞性的技術革新會每五十年發生一次。

這個康德拉季耶夫循環在經過熊彼得的第二主要著作《景氣循環理論》介紹之

後便受到重視。

熊彼得認為長期波動的起因源自技術革新的浪潮，尤其這種「康德拉季耶夫周期」更符合創造性破壞，也就是創新的定義。

其實早在本書第三十頁與一二七頁的圖就已經提到，第一波康德拉季耶夫循環是於一七八〇年到一八四〇年之間出現，也就是由蒸汽機、紡織機這些發明所促成的工業革命。

第二波則是於一八四〇年到一八九〇年之間發生，鋼鐵的生產與建設鐵路的熱潮是這波循環的導火線。

至於第三波則是於一八九〇年到一九二〇年代形成，電力、汽車、化學、石油，都是於此時興起的產業。

在熊彼得死後的二十世紀後期，發生了第四波循環，電子產品、核能、航太科技則是這波循環的領頭羊。

如今，第五波循環正在進行。由數位技術與生物技術領軍，全面帶動生命科學、人工智慧、機器人技術這些次世代科技的成長。

可惜的是，康德拉季耶夫本人因為這項主張，在史達林主政的一九三八年，於蘇聯被處死。

各位讀者知道康德拉季耶夫被處死的理由嗎？

答案是這種循環間接預告了資本主義終將復甦，也因此被視為反革命思想。

**不過，熊彼得在康德拉季耶夫被處死的隔年，讓康德拉季耶夫以驅動資本主義發展的創新論學家的身分復活。**

其實晚年的熊彼得也開始強調資本主義終將走到盡頭，以及轉型為社會主義。詳情請參考下一章的內容。

這個小插曲讓我不禁覺得，歷史本身也是某種循環，一再上演相同的戲碼。

**尼古拉・康德拉季耶夫**
**（1892～1938）**

經濟學家。

**約瑟夫・基欽**
**（1861～1932）**

經濟學家、統計學家。

## 政府過度介入可能會扼殺創新

細心的讀者應該已經發現，在第二四三頁介紹熊彼得的「三道循環波浪」時，挾帶了「庫茲涅茨循環」（Kuznets Cycle）。這個庫茲涅茨循環在當時是備受注意的理論，而且還有一個有趣的小插曲。

於俄羅斯（現代的白俄羅斯）出生的西蒙．庫茲涅茨（Simon Smith Kuznets）是一位在美國活動的計量經濟學家，擅長統計分析，因此頗有聲名，也於一九七一年獲頒諾貝爾經濟學獎。

這位庫茲涅茨於一九三〇年提倡的正是庫茲涅茨循環。這是景氣約二十年循環一次的主張。**由於與住宅、商業、工業設施改建的周期相當，又被稱為建設需求循環。**

熊彼得在《景氣循環理論》這本著作也提到了庫茲涅

**西蒙．史密斯．庫茲涅茨**
**（1901～1985）**

曾於布爾什維克統治的烏克蘭蘇維埃社會主義共和國擔任統計局長，後來歸化美國。也是中華民國中研院名譽院士，中文名稱為顧志耐。

茨循環，卻只採納了短期的基欽波動、中期的朱格拉波動與長期的康德拉季耶夫波動，認為實體經濟的景氣是在這三種波動交錯影響之下循環，也提出了獨創的「複數同時波動說」。

為什麼庫茲涅茨波動被排除在外？

或許是因為不需要採用兩個中期波動。話說回來，當時是鼓吹公共投資的凱因斯旋風正所向披靡的時代，符合建設需求的庫茲涅茨循環應該頗具影響力才對。

不過，前面也提到，熊彼得對於凱因斯革命嗤之以鼻。

因為熊彼得認為，**再怎麼不景氣，也不需要增加公共建設或投資，以人為的方式刺激經濟**。

就算當時正值經濟大蕭條時期，熊彼得仍一臉泰然地說：「對資本主義來說，景氣下滑不過是恰到好處的濕度。」他之所以這麼說，全是因為相信景氣會不斷循環，而景氣下滑可誘發創造性破壞，最終景氣將會好轉。

在熊彼得眼中，高舉凱因斯革命，透過投資建設刺激需求，就像是為了總有一天會恢復健康的患者注射多餘的激素，**更糟糕的是，當政府出手誘導投資的方向，反而會扼殺本該自然誕生的次世代創新**。

聽到這裡，各位是不是覺得這種說法似曾相識呢？是不是覺得某個國家也曾經想要透過投資公共建設提振景氣，最終卻只是困獸之鬥呢？凱因斯革命已落幕一世紀之久，我只能由衷期盼過去的亡靈不要再於這世上遊蕩。

## 超越時代的熊彼得理論

《景氣循環理論》雖是熊彼得使盡渾身解數所寫的著作，結果卻事與願違，這本著作未能得到當時社會的注目。這又是為什麼？

簡單來說，熊彼得與當時的「流行」背道而馳。

當時正值凱因斯革命掀起大旋風的時代，全世界也陷入經濟大蕭條的愁雲慘霧之中，凱因斯是當下的時代寵兒，整個時代的氛圍差不多是「非凱因斯門人不是人」的感覺。

容我重申一次，熊彼得直截了當地反對凱因斯這種頭痛醫頭、腳痛醫腳的即效處方箋。**他淡淡地表示：「就算遇到了經濟大蕭條，也用不著太過慌張，因為現在正是創新的大好機會，由政府創造的需求只是有害無益。」**

可惜的是，在凱因斯旋風席捲一切的時候，幾乎沒有人願意傾聽熊彼得的主張。此外，背棄計量經濟學也是《景氣循環理論》這本著作不受青睞的一大原因。這本著作的副標題是「資本主義過程的理論、歷史與統計分析」，但這三個項目全部成為批判的對象。

在理論方面，許多人認為這本書的理論只沿用了第一主要著作《經濟發展理論》的內容，雖然舉出許多歷史方面的考察，但只是熊彼得為了自圓其說的內容。此外，也有許多人認為統計分析的部分太過粗糙，因為熊彼得未套用當時才剛流行的計量經濟學的「手法」，所以統計分析的部分不夠細膩。

**更令人意外的是，提出這些批評的急先鋒，正是前面提到的庫茲涅茨**，但庫茲涅茨不是因為自己的「庫茲涅茨循環」未被熊彼得採用，而想報一箭之仇才對。

從自詡為計量經濟學、統計學專家的庫茲涅茨來看，熊彼得的理論實在太過粗糙。當時年僅三十歲的庫茲涅茨是剛嶄露頭角的凱因斯門人，是名副其實的主流派。

熊彼得被庫茲涅茨批得體無完膚之後，自然也失去了立錐之地。

只不過若從現代回顧，獲勝的到底是哪一派呢？

在當時的學術評估之中，庫茲涅茨或許占有絕對的優勢，**但是，就算統計能完**

**美地分析過去的資料，也無法成為指引未來的羅盤。**

重點不在於數據分析的精確度，而是解析數據背後的結構與力學的本質。熊彼得的景氣循環理論，成功地將創新解讀為驅動靜態與動態這兩個結構的動力，只要了解這點，就能以創新為槓桿，自行創造未來。

熊彼得的確與凱因斯革命以及計量經濟學背道而馳，卻不是為了反對時代潮流而反，而是想要超越時代，找出普遍的法則而已。

前面也提過，熊彼得是「孤高的思想家」，他完全不想為了沐浴在鎂光燈底下，成為隨著時代浪潮漂流的思想家。

## 不需要計畫，需要的是觀察短期與長期變化的眼光

話說回來，熊彼得將注意力放在「三道波動」的這件事，蘊藏著許多解讀未來的重要線索。

首先是觀察短期變化這種微觀視角的重要性。在市場與競爭環境的變化快得目

不暇給的現在，我們的視野往往只限一步之內，所以更要具備看清腳邊的眼光，**我們必須是像昆蟲一樣，擁有能夠專心觀察地面的視野，也就是所謂的「蟲之眼」**。

不過，若是只懂得將視線望向地面，就會不知道該往何處前進。如果不知道目的地，就會一直往左往右亂走。為此，我們必須具備能俯瞰遙遠未來的視野，這意味著我們必須具備**能觀察長期變化的宏觀視角，也就是「鳥之眼」**。

我將這種擁有蟲之眼與鳥之眼的經營方式稱為「透視複眼經營模式」，要想成為一名成功的企業家，就必須懂得這種透視複眼經營模式。

最近「MTP」這個詞彙宛如咒語般在美國矽谷傳誦。MTP是Massive Transformative Purpose（遠大變革性志向）的縮寫，我將其稱為「大志」，又稱為「北極星」，這個MTP也是鳥之眼最需要的部分。

正因為前景不明，所以才需要描繪「理想的模樣」，而且目標若不是放眼三十年以上的未來，並且設定極高遠的標準，那就會太容易達成了。

「應有的模樣」只是被迫接受的「大義」，而熊彼得也說過，這種來自外部的動機無法催生真正的創新。

至於「理想的模樣」就不是來自外部的動機，而是源自每個人心中的「大志」，然而熊彼得也說過，這種炙熱的志向將讓企業家忍不住採取行動。

話說回來，若一味地將眼光望向遠方，很有可能一下子就被腳邊的雜草絆倒，所以我們也得用心觀察眼前瞬息萬變的一切。以熊彼得的時代來說，短期的變化差不多就是為時三年的「基欽循環」，**但今時今日的變化是以周，不對，是以日為單位計算，所以我們必須盯著每天的變化**。

關於這點，日本人最擅長的PDCA循環（計畫〔Plan〕、執行〔Do〕、查核〔Check〕、行動〔Act〕）是無能為力的，因為在這個視變化為常態的世界裡，再怎麼訂立計畫也是枉然。

因此，矽谷的企業家才奉行OODA循環。OODA是指Observe（觀察）、Orient（判斷）、Decide（決定）、Act（行動）的循環。

「計畫」是有害無益之物，因為PDCA這種以計畫為第一步的經營方式，只適用於前景豁然開朗的時代。能照著計畫一步步前進的社會，就是熊彼得口中的「靜態」世界。

然而在現代是可以透過行動另創新猷的。

所以我們才要快速地執行OODA循環。在前景如同一團迷霧的時代裡，OODA將是探尋未來的魔法棒。而這個時代也是熊彼得口中所說的「動態」世界，應對現實變化多端的方法完全不同於過去。**身處這個未來有如迷霧時代的企業家，必須具備OODA這種動態視力。**

## 企業應有判讀潮流、逆流而上的眼光和決策力

那麼該如何看待「中期」呢？

長期以來，日本企業都無法從「中期計畫病」痊癒。或許是因為經營高層的任期是三到六年，這成為中期計畫如此被看重的原因之一，同時也是很適合實踐PDCA循環的時間長度。

中期計畫看起來與「基欽循環」很合拍，但是各位可別忘了，熊彼得將基欽循環定位為「短期循環」，而且前面也提過，現在的循環一日比一日更快。

經營高層若要大步邁向MTP，搭上另一條成長的軌道，至少需要耗費十年的時間，是的，恰巧與以十年為一周期的朱格拉循環吻合。

為了將目標放在這個以十年為一周期的中期循環，建議各位讀者以「魚之眼」觀察時代的變化。所謂的**魚之眼就是判讀時代潮流的能力**。

各位可知道，魚兒會在判讀水流之後，逆向而游嗎？

因為魚兒若是順流而游，頃刻之間就會被潮流沖到不知名的地方。

讓我們試著將魚兒代換成人類或是企業。

如果只懂得順應環境的變化生存，便與浮在水面的垃圾無異，總有一天會被沖到大海，更多的時候會先葬身大海，所以我們必須判讀潮流，再逆流而游。

假設我們預先判讀了朱格拉循環，但還是在預判景氣下滑時裁員，景氣上揚時增加投資的話，不過是隨波逐流而已，最終還是會被捲入時代的漩渦苦苦掙扎。所以我們必須反其道而行，依照熊彼得的指示，在景氣下滑時投資，在景氣好轉時裁員。

熊彼得也說，「想推動新組合的企業家就像是逆著時代潮流而上的魚兒」。**透過「魚之眼」判斷潮流，再逆流而上，採取行動**，這正是企業家的心法。

不論如何，三至六年這種不長不短的時間，是絕對不足以判讀潮流的。日本企業也必須早日擺脫有如計畫經濟的心理建設。

讓我們一起回顧過去的三十年吧。一九九〇年之際，泡沫經濟破滅、二〇〇〇年之際網路泡沫破滅、二〇一〇年之前的雷曼兄弟事件，全世界遭受了三次嚴重的景氣衰退。

即使如此，卻有一小撮企業像是浴火鳳凰般，從這一片焦土之中破土高飛。以美國為例，就是ＧＡＦＡ這類新興企業，**但其中也有３Ｍ或是嬌生公司這類老牌企業生存下來**。

這些企業共通的成功法則就是在景氣下滑時，為了下一波的成長而積極投資，最終在景氣下滑至谷底時，帶動創造性破壞，成為下一波景氣上揚時的冠軍。

擁有「魚之眼」的日本企業並不少，**但大部分的企業都罹患了「中期計畫病」，導致視野變得狹隘**。就算能正確判讀潮流，最終能逆流而上的企業家卻是寥寥可數。

由衷希望日本企業能從此時此刻開始，擁有熊彼得口中所說判讀潮流的眼光，以及敢於逆流而上、採取行動的決策力。

## 除了老婆孩子一切都要改變！——三星李健熙

成功的外國企業家通常同時具備「蟲之眼」、「魚之眼」與「鳥之眼」。前面介紹的史蒂夫・賈伯斯、傑夫・貝佐斯或伊隆・馬斯克就是經典的例子。

亞洲也有不少具備這類動態視力的優秀企業家，**最具代表性的應屬李健熙**。各位讀者知道李健熙是何等人物嗎？

他就是曾稱霸全世界的三星集團前執行長。

於一九八七年從創辦人手中接下棒子，成為第二任執行長之後，在二〇二〇年辭世的這三十幾年之間，將三星集團打造成今時今日的三星帝國。**他在這段時間讓三星集團的營業額增長四十倍，也讓利潤增加了三百倍，讓三星集團以驚人的速度成長**，完全將陷入「失落的三十年」的日本企業甩在背後，快速地攻城略地。

**李健熙**
**（1942～2020）**

三星集團前執行長。打造了今日的三星帝國。

一九九〇年代初期，我前往麥肯錫（Mckinsey & Company）首爾辦公室服務了三年，因此有機會就近觀察李健熙初期的活躍。

雖然三星集團有許多事業，但是讓三星集團躋身世界級企業之林的是半導體事業。如今被譽為「工業之米」的半導體是隨時受到世界景氣波動影響的產業，而且技術也不斷地推陳出新，每次的技術革命都需要巨額的投資。

在東芝（TOSHIBA）或美光科技（Micron）這些世界級企業進軍次世代記憶體的時候，李健熙認為舊世代的記憶體將在不久的未來缺貨，所以便傾力生產舊世代的256K DRAM（動態隨機存取記憶體），此舉讓三星集團光是在一九八八年就賺到三千兩百億韓圓的淨利，這也是公司得以擴大規模的歷史一幕。

之後，他也積極進軍最新科技的領域。一九九三年，三星在DRAM市場打敗東芝，成為世界第一之後，就一直穩穩坐在第一名的寶座，而且就連東芝開發了NAND快閃記憶體，三星仍舊在二〇〇二年獲得世界第一的寶座。

李健熙的投資戰略從一開始就非常清晰。由於半導體行業每隔三至五年就會出現一次榮衰互替的「矽周期」（Silicon Cycle），所以他採取了逆向解讀這個周期的戰略，也就是在景氣下滑之際積極投資，等到景氣恢復時，一口氣奪取市場的戰術。

這與隨著景氣漂流的日本企業是完全相反的投資模式。

李健熙曾兩度讓全世界為之驚豔。

第一次是一九九三年六月，東芝憑藉著半導體晉升世界級企業的那年。

那年李健熙發現自家產品的設計與品質不盡如人意後，便向全體員工擲下嚴令，要求「除了老婆孩子一切都要改變！」也發表「新經營宣言」體制，讓整個集團朝創新這個目標前進，**由於這是在出差地點德國法蘭克福發表的宣言，所以後來又被稱為「法蘭克福宣言」**。

第二次是在二〇一〇年三月，因為逃稅而被迫待在家中的李健熙回到經營第一線的日子所發生的事情。李健熙在慶祝他回到執行長崗位的員工面前，語重心長地說了這番話：「這次是真正的危機。全球第一流的企業正在瓦解，我也不知道三星的未來會如何。在未來十年足以代表三星的事業與產品幾乎都會消失，所以我們必須重新啟動三星，我們已經沒有時間猶豫。一旦錯過這次的機會，我們將無力挽回。」

二〇一〇年是三星 Galaxy 智慧型手機系列全球暢銷，總算追上王者諾基亞（Nokia）背影的一年，**但李健熙認為成為第一名之後，就會開始走下坡，所以更要趁著一帆風順的時候，朝下一個目標發動創造性破壞**。

我認為能夠如此判讀未來，敢於採取與景氣循環背道而馳的行動，正是李健熙這位足以代表亞洲的企業家的真本事。

## 人生就像正弦曲線

若要說將景氣循環的理論放進經營方式，讓自己持續進化的日本企業家，各位會最先想到誰呢？

先前介紹的松下幸之助或柳井正肯定是預判景氣循環的高手，但我最先想到的卻是永守重信。

是的，就是日本電產創辦人的永守會長。日本電產自一九七三年創業這五十多年以來，曾多次度過景氣危機。

第一次是於一九七三年創業之後沒多久就爆發的石油危機。之後還遇到美元危機、泡沫經濟破滅、網路泡沫化、雷曼兄弟事件、泰國大洪水，幾乎每十年就遇到一次嚴苛的考驗，這簡直就是「朱格拉循環」。不過永守會長的厲害之處在於化危機為轉機，每次都讓企業更加茁壯。

比方說，當日本上下都因泡沫經濟帶來的景氣得意忘形時，永守會長一改原本的組織擴大路線，讓整個組織朝向培養人才的方向前進，也因為改變了路線，才得以安然度過泡沫經濟破滅的危機，公司也能朝著新方向繼續成長。

永守會長將這段期間稱為「跳舞期間」。

「抱著頭向前衝不算是成長。在該休息的時間休息，才更有力氣，也才能一口氣衝到最高一層的樓梯。」

這股信念最終成為名為「WPR」（Double Profit Ratio，雙倍利潤率）的永守流經營手法。**這是將整個公司變造成業績只剩一半也能盈利的體質的活動**，也就是徹底縮減固定支出以及各種費用，讓損益平衡點大幅下降的手法。簡單來說，這是當業績回到原本的水準，利益率就能增加一倍的經營手法，也是從根本做出的結構改革。

向來能夠預先判讀景氣，提早一步做好準備的永守會長認為新冠疫情是企業大幅成長的絕佳機會。二〇二〇年四月，第一波新冠疫情爆發之際，他在NHK的採訪如此回答。

「這次的低谷的確很深，但是低谷越低，下一波的高山就越高，我常常跟員工與幹部說，就是在這種時候，才能與對手拉開差距，所以我們一定要趁著這個時候拚命努力。說到底，只要相信自己的能力，以及自家員工的能力，最終一定能開花結果。這次大家都覺得危機四伏，所以再沒有比這更好的機會了。正因為大家覺得危機四伏，所以才會認真聽我說什麼，我也應該利用這個機會，為大家打造光明的未來。」

永守會長在新冠病毒於全世界爆發的半年之前就預測「明年景氣會大幅下滑」，也發動了第三次的WPR。另一方面，也為了增加電動汽車（Electric Vehicle，EV）動力馬達的產量，發表向中國的大連投資一千億日圓的計畫。

永守會長曾語重心長地說：「只有能將危機化為轉機的企業才得以生存。」他在著作《成就力》（成しとげる力）

**書籍資訊**

**成就力**

永守重信著
Sunmark 出版（2021 年）

之中，也提到「先憂後樂」、「足下悲觀、將來樂觀」這些獨創的經營理念。他非常了解，只有遇到試煉的時候，才能看出真正的經營能力。

另一方面，他也曾經提到「越是順風順水的時候，越要判讀未來與思考下一步」，由此可知，永守會長擁有懂得判讀潮流的「魚之眼」，還是能夠「像魚一樣逆流而游」的高手。

我曾有幸與永守會長對談，永守會長也闡明了下列這種人生觀。

「我一直覺得，人生就是苦樂交織而成的正弦曲線。所以在不幸的事情若有一百件，幸運的事情就有一百件的人生之中，只要能跨越高山就一定能夠擁抱無比的喜悅。正因為困難或逆境是讓人振翅高飛的機會，所以不管迎面而來的風有多麼強勁，也絕不要逃，只要能闖過去，眼前的道路必然豁然開朗。」（《致知》二〇二二年四月號）

各位讀者知道正弦曲線是什麼嗎？

就是在高中三角函數出現的「sin、cos、tan」的「sin」。下圖簡直與景氣循環的形狀完全相同對吧。

永守會長是足以代表現代日本的企業家，不知道各位讀者是否能夠明白，他也是足當楷模的熊彼得信徒。

對永守會長的經營論有興趣的讀者，請務必一讀拙著《稻盛與永守——來自京都的經營領袖本質》。

正弦曲線

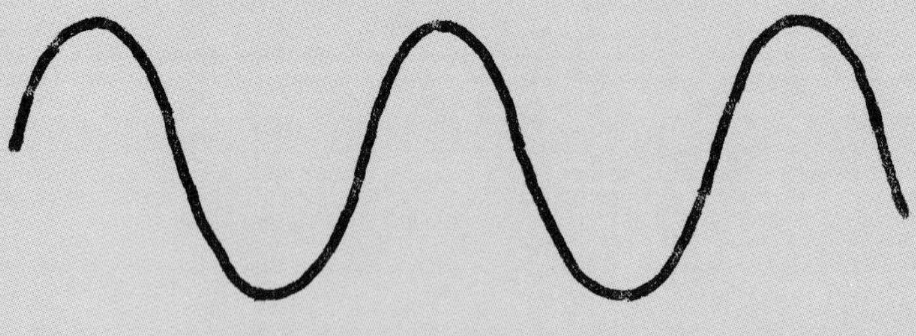

## 「新」的名詞都需要謹慎以對

在二十一世紀前後，有一些與熊彼得的理論大唱反調的理論，而這些理論主張無需理會所謂的「景氣」。

其中之一就是「新經濟論」。這個理論曾在一九九〇年代後期，網路泡沫巔峰時期喧鬧一時，不知道各位讀者是否還記得呢？

新經濟論認為在資訊科技（IT）不斷發展之下，景氣將不再循環，而是持續成長，整個時代也將進入新經濟時代，而這個新經濟論的根據在於當資訊傳遞的時間縮短，就能加速控管庫存，因庫存增加所導致的景氣下滑現象也不會再發生。

不過，就算數位科技能跨越時空，無法與物理脫鉤的類比世界仍無法輕易跨越時間與國境。近年的美中對立、新冠疫情、俄烏戰爭，都讓嚴格控管的供應鏈陷入混亂，想必各位讀者對這些事情都還記憶猶新吧。

新經濟論隨著網路泡沫化而煙消雲散。話說回來，凡是冠上「新」（New）的熱門字眼都需要特別小心，前面提到的「新常態」也是一樣。

最近在日本流行的「新資本主義」也是這類流行疾病的典型。關於這點，我準備在最後一章再好好討論。

一旦變化成為常態，我們就會產生一種「任何事物都是新鮮的」錯覺，但很多都只是冷飯熱炒而已，而且沒多久就會被下一波熱潮所淹沒。如果借用熊彼得的口吻，這些理論不過是隨波逐流的垃圾。

## 數位科技能帶來指數型成長？

另一個是在思考「景氣」之際，不得不在意的理論。

那就是「指數型成長論」（Exponential）。這種理論認為數位科技的力量能創造擺脫景氣循環的急速成長。由於最近很流行所謂的「數位轉型」，這個理論也乘著這股熱潮而水漲船高。

「指數型成長」，這名字聽起來真是厲害。

為了避免誤解，我特地查了一下指數的意思，原來這個詞的意思是「某個量的膨脹速度與膨脹量成正比的現象」。簡單來說，就是從變數為時間與收穫量的微分方程式所導出的指數函數，但一時之間，應該很難明白。

如果畫成圖的話，應該會比較容易理解。下頁圖中的「收穫遞增」曲線就是指數型成長的曲線。

前面提過，熊彼得認為創新帶來的成長最終將衰退，收穫也將遞減（八五頁）。那麼，為什麼會呈現收穫遞增的曲線呢？

這是因為大部分的人認為，軟體或社群媒體這類數位產業的特徵在於固定支出的費用不變，所以就算使用者人數不斷增加，營運所需的人事費或其他費用不會跟著增加。

就結果而言，可以看到產值提升，利潤跟著上升的現象。

同樣地，進行數位轉型的其他產業也適用於這種收穫遞增的法則。

## 指數般成長也會退潮

一般認為，這股成長的盡頭會是「科技奇點」的世界。

## 收穫遞增與收穫遞減

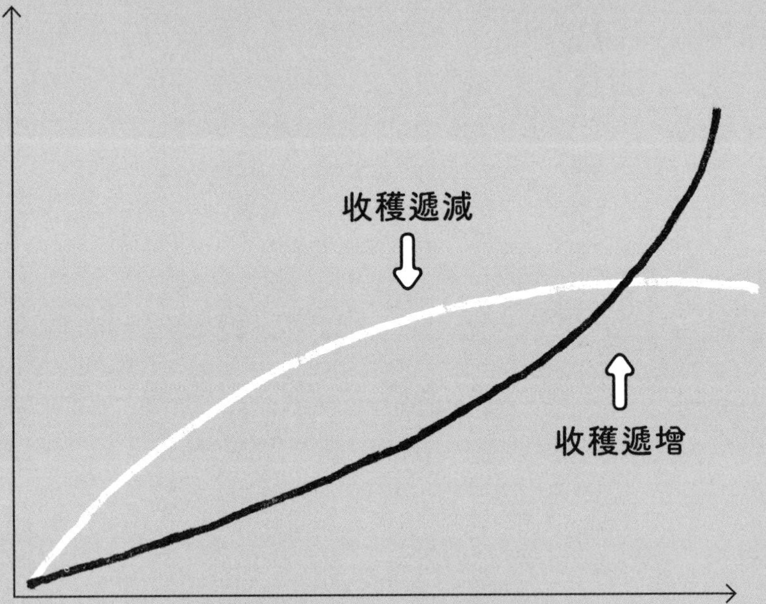

科技奇點的英文為「Singularity」，指的是人工智慧不斷地進行自我回饋，不斷改良與精進自身的技能與智能，「最終取代人類，成為推動文明進步的主角」的時間點。美國未來學家雷・庫茲威爾（Ray Kurzweil）於二〇〇五年預言「科技奇點將於二〇四五年到來」，這種說法也瞬間得到各界關切，甚至出現了許多不一樣的說法，例如科技奇點會更早來到，或甚至不會來到。

各位讀者聽過庫茲威爾與另一位未來學家彼得・戴曼迪斯（Peter Diamandis）在二〇〇八年於矽谷設立的奇點大學嗎？

這所奇點大學的教授共同出版了《指數型組織：企業在績效、速度、成本上勝出10倍的關鍵》（*Exponential Organizations: Why new organizations are ten times better, faster, and cheaper than yours [and what to do about it]*）。一如原書名所述，其中說明了「指數型成長」的企

書籍資訊

**指數型組織**

企業在績效、速度、成本上
勝出 10 倍的關鍵

**薩利姆・伊斯梅爾合著**
**林麗冠、謝靜玫譯**
**商周出版（2017 年）**

業所擁有的共通法則。

這種指數型成長真的能一直延續下去嗎？

假設真的能一直延續下去，那麼地球或社會的永續性會改變嗎？

應該有不少人都有這類疑問。

不過請各位讀者不用太擔心，因為之前提到的收穫遞增不過是景氣上揚時期的一部分，最終還是會進入收穫遞減期，也就是景氣下滑時期。

指數型成長不過是微分或是見樹不見林這類思維之下的產物，與新經濟論熱潮一樣，遲早會進入衰退模式。

## 成長的S曲線

所以我們到底該如何了解所謂的成長呢？

以前面提到的指數型成長為例，熊彼得認為，收穫遞增的現象看似沒有盡頭，但只要拉長時間軸，就一定會出現收穫遞減的現象。

說明這個原理的就是下一頁的S曲線。在技術革新的世界裡，這是已經過反覆

## 拉長時間軸來看，必定進入收穫遞減期

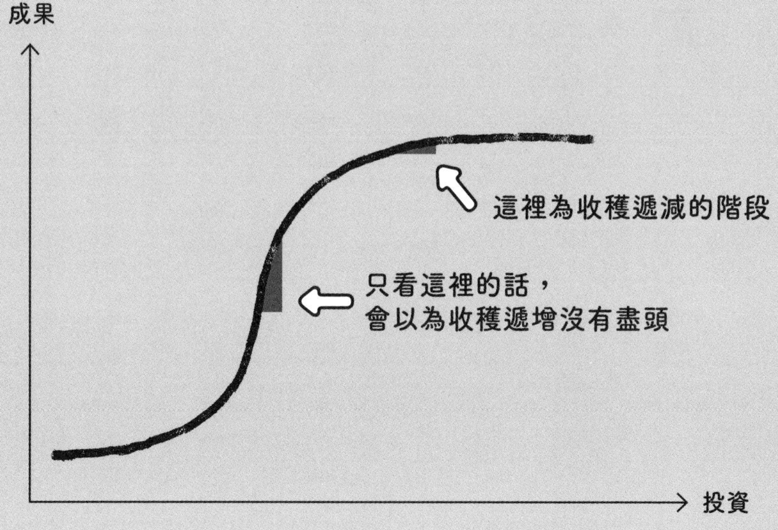

實證的現象。

而下頁由理查・佛斯特（Richard Foster）提出的「雙重S曲線」則是從長期的角度與俯瞰的視野觀察這個現象的示意圖。這張示意圖告訴我們，不管是多麼劃時代的科技，最終免不了停止發展。

請各位讀者把注意力放在圖的開頭與正中央。科技在剛開始發展的時候，需要耗費一定的時間，等到發展到一半之後，發展的速度就會瞬間變快，不過最後也免不了停止發展。

這是我在麥肯錫服務時的大前輩佛斯特於《創新——突破極限的經營戰略》（*Innovation:The Attacker's Advantage*）一書之中提倡的概念，日本也出版過大前研一的譯本，蔚為一時話題。

書籍資訊

**創新**

**——突破極限的經營戰略**

**理查・佛斯特著**
**大前研一譯**
**阪急 Communications 出版**
**（1987 年）**

## 佛斯特的雙重 S 曲線

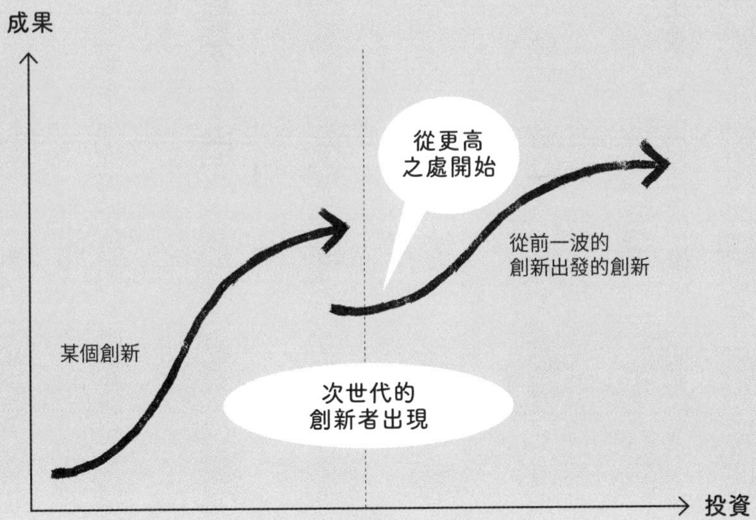

美國教授克雷頓・克里斯汀生於一九九七年出版《創新的兩難》，在當時雖然引起了各界的關注，但在這本書出版的十年前，佛斯特就已先闡明了創新的基本原理。或許這部分可說是在經營理念界發生的「庫茲涅茨循環」。

## 不斷循環就會不斷進化

如果回顧過去的一切，我們到底該學習什麼？

我認為我們該學習的事情有三件。

第一，**是不被眼前的現象所迷惑**。只觀察細節，進行有如「微分」般的分析，只是從靜態的世界擷取某個片段的過程，一旦我們懂得以整體面積的「積分」重新觀察，就能發現S曲線的弧度。這也是了解短期波動的觀點。

第二，**是了解歷史會一再重複這件事**。想必各位讀者已經知道，在動態的世界裡，擴大與衰退的現象總是輪番出現，這就像是永守會長所說的正弦曲線，也是「庫茲涅茨循環」的精髓。

第三，**是知道一切都是向上提升的循環**。不知道各位讀者有沒有發現，在「康德拉季耶夫循環」（第三〇頁）之中，正弦曲線是朝右上角發展的斜率。

是的，不景氣之際的均衡狀態，會比過去的均衡狀態位階更高，這是因為**不斷擴大與衰退的經濟會在漫長的歲月之中不斷成長**。這就是從「康德拉季耶夫循環」學到的教訓。

一邊循環，一邊成長——聽起來很像是某種禪問對吧？

的確，經濟若只在同一個平面循

**循環是朝緩慢成長的方向前進**

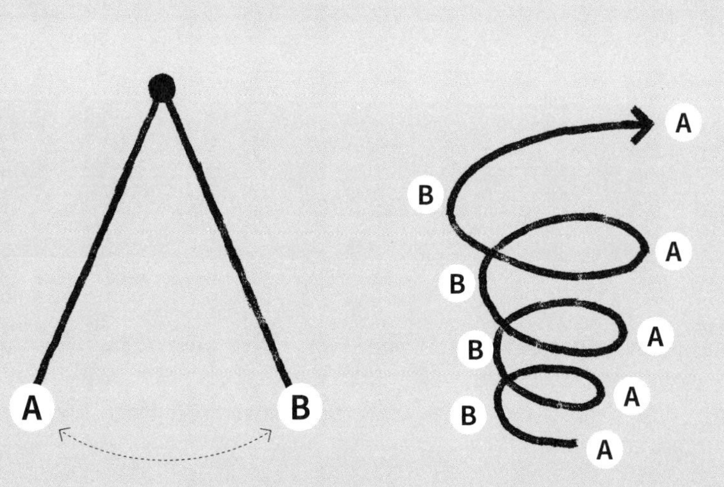

環，最終只會在景氣下滑與上揚這兩點之間擺盪而已，也就是前頁左圖所述的狀況。

不過，若將經濟的循環視為立體結構，又會得到什麼結論呢？

抬頭仰望時，或許我們只能看到經濟不斷循環，但如果改從側面觀察，應該就能發現經濟正緩慢地成長。

前頁圖中的螺旋運動正是熊彼得的「經濟發展理論」的本質，不知道各位是否已經了解這種在三維空間加入時間的四維思考邏輯。

熊彼得在第一主要著作《經濟發展理論》主張創新是進化的原動力，也提到這種不斷擴大（景氣上揚）與衰退（景氣下滑）的現象，促使經濟的動態發展。

此外，熊彼得在第二主要著作《景氣循環理論》之中，針對前述的動態發展進行了時間軸更長的歷史考證。由於這本著作是在凱因斯革命與計量經濟學大行其道之際出版，所以熊彼得也淪為逆風而行、自命清高的思想家，但也是因為如此，熊彼得才能在今時今日成為跨越時代與慧眼獨具的思想家。

晚年的熊彼得也預測了一百年以後的發展，並將這些預測整理成第三主要著作《資本主義、社會主義與民主》。

不過，提倡資本主義動態論的熊彼得卻在此時話鋒一轉，預告「資本主義將會因為本身的成功而迎來結局」。這到底又是怎麼一回事呢？

本書將在第三部解開這個提問的謎底。我很想知道，假設熊彼得突然在眼前出現，他會提出哪些建議呢？

第三部

# 資本主義的結局

chapter

# 8 在資本主義之後

## 資本主義落幕後，會出現什麼？

如今「資本主義終將結束」的聲浪越漲越高。被欲望驅使的人類肯定會無止境地想要滿足欲望對吧？但地球的資源並非無限。一如本書的開頭所述，我們必須重新審視資本主義。不顧環保與社會的變化，一味地追求經濟成長，地球的資源終將枯竭。時至今日，全世界總算開始重視永續性，到處都能聽到ESG或SDGs這類象徵時代的關鍵字。

新冠疫情也助長了這波熱潮。法國思想家賈克·阿達利（Jacques Attali）就說：「全世界總算發現，利他等於利己這件事」，若只想著獨善其身，最終是無法保護自己的。這意味著，重視社會的整體利益（公益），等於保護自己的利益（私利）。

在以欲望為動力，驅動二十世紀所有成長的資本主義已來到極限的現在，我們到底該以何種思想為主軸，繼續前進呢？

全世界都無法避開這個問題，也正在摸索次世代資本主義的模型。

比方說，世界經濟論壇（俗稱達佛斯論壇，Davos Forum）就於二〇二〇年的總會提出「多方利害關係人資本主義」（Multi-Stakeholder）的概念。利害關係人的英文為Stakeholder，其中包含股東、顧客、員工、社會以及未來的小孩，而這個概念是希望能出現一種顧及所有利害關係人的資本主義。

日本也有人討論「新資本主義」的構想，其中最為有力的模型之一就是「公益資本主義」，從字面解釋，就是追求公益的資本主義。符合熊彼得口中企業家原型的原丈人在《增補21世紀的國富論》之中提到這種資本主義，也

書籍資訊

增補 21 世紀的國富論

原丈人著
平凡社出版（2013 年）

引起了各界注意。

不過，這些都是讓「資本主義」苟延殘喘的策略而已。話說回來，我們為什麼要如此執著於資本主義呢？難道資本主義是文明的終點嗎？

現在的我們也必須思考資本主義的結局與後續不是嗎？這種想法似乎已於全世界蔓延。不過，只體驗過資本主義的人，恐怕很難想像資本主義的結局。

熊彼得在其晚年的主要著作預告資本主義終將崩壞，那麼崩壞之後，又會出現什麼呢？

熊彼得認為，資本主義結束後，「社會主義」的時代將會降臨。我知道，各位讀者很想大喊：「暫停一下，這是怎麼回事？」熊彼得不是一直提出「創造性破壞」、「新組合」、「企業家」這些令人雀躍的概念，不斷地強調動態的資本主義有多麼強大嗎？怎麼會突然「改投」社會主義的陣營呢？

其實熊彼得口中的社會主義並非馬克思的古典社會主義，而是「全新的社會主義」。

那麼，熊彼得提倡的「新社會主義」又是什麼？

這個新社會主義或許能幫助我們擺脫「資本主義」長期施加在我們身上的詛咒，提供我們進行創造性破壞的線索。

各位讀者還記得，我們在第一章的時候，將熊彼得比喻成孤芳自賞的貓頭鷹嗎？也請各位回想德國哲學家黑格爾所說的「智慧女神的貓頭鷹，總在黃昏時分來臨之際才展翅高飛」的名言。

資本主義已近黃昏，而熊彼得則在此時振翅飛向新時代的黎明。

熊彼得眼中的新時代到底是何種模樣？

本章將帶著各位讀者從熊彼得晚年的字裡行間，想像他眼中的未來。

## 資本主義的成熟，其實只是衰退

熊彼得於第二次世界大戰的一九四二年出版了《資本主義、社會主義與民主》。

在前一章介紹的《景氣循環理論》不受歡迎之後，熊彼得收拾了心情，於三年後出版了這本書，而這本書也成為暢銷書籍。這真是大快人心的壯舉。

在這本著作之中，還是能看到熊彼得那辯才無礙的修辭技巧。**不過，這本書談論的是高於經濟理論的社會經濟思想，所以比起其他著作更加容易閱讀，這也是這本著作的特徵**。

本書如書名所述，提出了三個社會經濟模型。

最先登場的當然就是資本主義。

第一步，讓我們再次審視資本主義的本質。

「經濟結構的內部不斷發生革命、舊構造不斷地被破壞、新構造不斷地誕生。這種『創造性破壞』的過程在在說明了資本主義的本質。」

這是在本書出版的三十年前，年輕的熊彼得於第一主要著作提過的內容，各位讀者應該都還能理解對吧？

接著熊彼得又說，上述的過程會讓資本主義漸趨成熟。再來則是戰後將是「美國的世紀」的預言。

預言的內容為「資本主義將會是讓公眾的生活水準有感提升的機制」。

**最終，從內部觸發革命的那股能量將慢慢衰退**，而且當人們不再為了生活煩惱，也就越來越不想工作。

聽到這裡，會很想反問：「要是因此失業，露宿街頭的話，該怎麼辦？」

熊彼得如此回答：

「真正的悲劇並非失業，而是失業存在的現實，以及發放失業津貼，就會導致經濟發展暫時停頓的現實。如果失業也不需要煩惱生活……那麼就實質而言，失業的恐懼將完全消失。」

這簡直就是在描述新冠疫情之下的美國。在人人都能領到失業津貼的情況之下，越來越多人不願回到工作崗位，製造業與物流業也因此陷入前所未有的混亂。

經濟會陷入停滯其實也沒什麼好意外的。熊彼得曾說，動態的破壞結束後，必然會出現另一股想要恢復靜態平衡的力量，這也是第二主要著作《景氣循環理論》的真諦。

這是名為成熟的衰退，也是一九七〇年代的美國在一片欣欣向榮之下，逐漸失去產業競爭力的過程。此外，自一九九〇年初期的泡沫經濟崩壞之後，長期陷入「失落的三十年」魔咒的日本也有相同的現象。

**要注意的是，假設景氣循環理論是正確的，那麼衰退之後，必定會有另一波的發展**。那麼，為什麼熊彼得又說，在資本主義框架之中的景氣循環終有一天會停止呢？

## 資本主義成熟後，企業就失去魅力

熊彼得在《資本主義、社會主義與民主》這本著作之中，如此自問自答。

「資本主義會繼續延續嗎？不會，我覺得不能。」

接著又如此預言。

「資本主義將會因為它的成功，導致支撐整套系統的社會制度動搖與崩壞——不得不轉型為社會主義的情況也『必然』到來。」

熊彼得也不厭其煩地描述資本主義瓦解之後的模樣。

「以發展為基礎的資本主義將會萎縮，創業家（企業家）將無用武之地。」

「商業與工業的經營成為日常問題，員工必定帶有官僚的習氣。」

「沒有野心霸氣的社會主義將自動誕生。」

「企業將因為信奉資本主義而自動進化，導致企業自己消滅自己。」

「這種傾向將會替進化踩煞車。」

各位讀者是不是覺得上述這幾點似曾相識呢？其實這就是我們所處的日常。

熊彼得將這類情況稱為「一味追求實利」，或是過於傾向「功利主義」與「世俗主義」的現象，也稱這種現象為「反冒險」、「反英雄」的現象。他認為「商場的人才流往其他領域之後，經濟以外的領域將得到許多優秀的人才」。

話說回來，若要說世界最為活躍的千禧世代日本人，想必大家會先想到大谷翔平這位棒球選手。從小就喜歡澀澤榮一《論語與算盤》的大谷選手，原本有可能在商業的世界大展身手，但是吸引大谷選手一展雄心壯志的是商業以外的世界。

負責支撐資本主義的當然是企業。**但當資本主義成熟，企業為什麼就會失去魅力呢？**

## 吞噬資本主義的是大企業

熊彼得直言，要解開這個謎題的其中一把鑰匙就藏在「大企業病」之中。

「巨大裝置將成為經濟發展中，讓總產值長期成長的最大動力裝置。」

意思是，企業將轉化為「巨大管理裝置」，最終沒有半點屬於人類的浪漫或情懷。熊彼得鮮明地描繪了大企業病的真面目。

「在大企業之中，所有者的身影將從視野中消失，所有者專屬的利害關係也將隨之消失。」

「如此一來，在資本主義的流程之中，諸如所有權與自由契約的制度……將被迫成為遠景。」

「失去實體、失去機能的所有權，與過去充滿活力的所有權不同，無法喚起興趣或忠誠心。總有一天，在大企業之內或之外，將不再有人為了所有權而奮戰。」

「一旦為了家人或重要他人奮鬥的原動力衰退，企業家的時間軸就會縮短，只能關注在自己的生涯。」

各位讀者覺得如何？失去活力的職場、一再強化的管理、短視近利，這些都是現代企業的病症。

熊彼得將這種資本主義的終點稱為「卡特爾（Cartel）化的資本主義」。**卡特爾是大企業組成的集團，而當這種集團統治經濟，便會排除所有的競爭，連「人類」都被排除在外**。這種由巨大集團統治的經濟終有一天會無法正常運作與衰退，聽起來真的很像是從地球消失的恐龍，或是以陷入一片黑暗的未來社會為主題的科幻小說。

那麼，為什麼資本主義會出現這種大企業組成的集團呢？

難道競爭原理不再管用了嗎？

這是因為資本主義必須符合效率，所以規模經濟會興起，不具效率的競爭會漸漸消失。熊彼得提到「競爭是不可行又低劣的體制，沒有資格在效率的層面被稱為理想的模型」。**對於效率重於一切的資本主義而言，「競爭」等於是種腳鐐**。

不過，應該會有新創企業發動挑戰，代替無計可施的企業才對。當新創企業發動創造性破壞，資本主義不就能夠繼續進化了嗎？

在此要請各位讀者回想一下，0↓1的新創企業不過是轉瞬破滅的企業。所謂的創造性破壞必須沿著1↓10↓100的順序擴大規模才得以實現。未能躋身大企業之林的新創企業無法對社會造成任何影響。我們絕不能忘記從新創企業起步的GAFA，如今已是全世界規模最大的企業。

當這些大企業出現，市場將被壟斷。如今的GAFA正在履行這個預言。

許多人煞有其事地主張，日本在泡沫經濟破滅之後，之所以會比美國更加頹敗，全是因為新創企業沒有一展身手的機會。然而，這些主張不過是市井傳言罷了。日本也曾出現過許多次創業熱潮，但這些創業熱潮之所以不受重視，全是因為這些新創企業沒能成為GAFA這種大企業。

不過，GAFA這些徹底利用資本主義的力量，讓自己化為巨獸的企業，會讓資本主義失速。

照理說，只要創造性破壞能定期替資本主義人工呼吸，資本主義應該就會復活才對，那麼為什麼資本主義一成熟，就會失去資本主義原有的動能呢？

## 追求社會福利、平等、規範，是走向社會主義的徵兆

熊彼得在一九四九年十二月三十日，辭世的前一周，於紐約的經濟學會發表最後的演講。其中提出了下列四個資本主義終將行至末路的理由。

**①官僚化**

由於企業家階級成功提高了美國的生產力，讓所有階級的生活水準得以提升，所以企業家階級的政經地位反而因此動搖，在經濟層面的存在感也逐漸淡化，**企業**

**家階級也慢慢地染上官僚的習氣**。

### ②實用主義的失控

資本主義的本質是追求『合理』，所以追求合理的思考邏輯會於整個社會蔓延，忠誠心或是上下關係等倫理將慢慢地被淡忘……社會系統將完全奠基於兩造地位相等的自由契約之上——**每個人的眼中都只剩個人（短期）利益的社會系統不可能正常運作**。

### ③反對大企業的勢力將興起

在企業家階級埋首於工廠或是辦公室業務的時候，**某種政治系統或是知識分子的階級將抬頭**。由於這個階級在構造上、利害關係上，都與企業家階級對立，所以會想從大企業的利害關係之中獨立，**最終便對大企業抱有敵意**。

### ④資本家的背棄

儘管資本主義是促成經濟繁榮的主因，但資本主義社會的價值觀不再吸引普羅大眾，**甚至無法吸引『資本家』**。

這場演講的主題為「邁向社會主義」，熊彼得也指出，**要求社會福利、平等、規範的趨勢，正是整個社會邁向社會主義的徵兆**。

讓我們試著將時針撥回舉辦這場演講的一九四九年。

在前一年的一九四八年發生了「柏林封鎖」（Berlin-Blockade）事件。當時的蘇聯政府封鎖了所有通往西柏林的鐵路與馬路，冷戰時代也因此揭開序幕。到了一九四九年之後，中國的共產主義政權成立，美國國內也出現排除共產黨員與共產黨同情者的運動，也就是所謂的「麥卡錫主義（紅色恐慌）」（McCarthyism）。

當時是熊彼得棲身之處的西方各國最受社會主義威脅的時刻，而在這樣的世道大談資本主義終將轉型為社會主義的熊彼得，當然會引起軒然大波。

熊彼得從年輕的時候就認為經濟是動態的，而這種觀點也是源自馬克思的影響，而且在第一次世界大戰結束之後，他曾在社會主義體制的奧地利政府短暫地擔任財政大臣。

話雖如此，熊彼得本身並非社會主義者，甚至他還提到「專業的醫生雖然會告訴羅患絕症的病人死期將近，卻不希望病人真的死亡」，表明自己不希望社會主義社會真的到來。

看來熊彼得就像是一位冷靜無情的醫生，大聲宣布著資本主義的不治之症。

## 資本主義是「自然地」趨向社會主義

在熊彼得眼中，馬克思是「第一位提出預測未來的經濟理論的人物」，熊彼得也在《資本主義、社會主義與民主》之中提到，他從馬克思的理論吸收了下列這些思想。

「看似無數個獨立的模式，其實彼此相連。」

「經濟以其自身的能力，在歷史之中發展，而且不斷出現足以決定下個狀態的狀態。」

不過，熊彼得也直截了當地反對馬克思提倡的「革命」，**因為他認為資本主義**

**將會自然而然地從內部開始瓦解，所以不需要另外高舉革命大旗。**

「人們對於事物的看法將逐漸轉型為符合社會主義生活模式的型態。」

「水面之下，有另一股潮流緩緩地流向另一個文明。」

「時機一旦成熟，資本主義就會轉型為社會主義。」

換句話說，資本主義轉型為社會主義的起因並非革命（Revolution），而是「發展」（Evolution）。於資本主義盡頭出現的社會主義也被視為第一主要著作《經濟發展理論》的延伸。

第三主要著作與其他著作的不同之處在於，第三主要著作除了談論經濟，還將視野放寬至政治、社會與文化，換句話說，讓破壞（動態）與均衡（靜態）得以不斷循環的動能，從資本主義如此狹隘的框架之中釋放。

熊彼得將社會主義的經濟定義為「中央政府透過權威管理生產方式與生產本身的制度」，或是「經濟問題屬於公領域的制度，而不是私領域的制度」。社會主義經濟是以國家（公共）擁有資本以及平等主義為前提，資本主義經濟則是以民間（個人）擁有資本，以及市場原理、競爭原理為前提。

**若從上述的定義來看，社會主義經濟是究極的「均衡」狀態**。熊彼得也預告，當資本主義失去創造性破壞的動能，接踵而來的不是短暫的景氣下滑，而是究極的均衡狀態，也就是資本主義的景氣不再循環，整個社會經濟均衡的狀態。

對熊彼得來說，這個結果並非資本主義「轉型」為社會主義，而是從發展理論導出的「自然演化」。

## 資本主義不能從外部加以操縱

各位是不是覺得上述的預言太過偏激？難道不該在資本主義的框架之中，尋求更進一步的進化？

想以此替資本主義續命的學家正是凱因斯。

各位讀者應該還記得，凱因斯提倡的是「政府不能將一切推給市場原理，必須透過公共投資創造需求，藉此拉抬景氣」這種理論對吧？簡單來說，就是政府替經濟打強心針，讓資本主義恢復心跳。

**這種理論被稱為修正版資本主義**。於第二次世界大戰之後冒出頭的福利國家論也屬於修正版資本主義之一。

熊彼得曾嘲諷這種修正版資本主義無疑是「氧氣室之中的資本主義」，從長遠的眼光來看，**這種替資本主義短暫續命的理論，終有一天會踏上「社會主義的道路」**。事實也果真如此。

第二次世界大戰結束後，徹底阻擋資本主義轉型為社會主義的運動也跟著興起。最具代表性的人物就是與熊彼得同樣來自奧地利的諾貝爾經濟學獎得主弗雷德里希·海耶克（Friedrich Hayek），以及另一位芝加哥學派諾貝爾經濟學獎得主彌爾頓·傅利曼。他們都提出「新自由主義」，主張市場原理與自由競爭才能讓經濟再度活絡，這等於回到亞當·斯密時代的資本主義。

**而將新自由主義帶入政治世界的是英國首相柴契爾夫人（Margaret Thatcher）**。二次世界大戰之後，由工黨執政的英國改走福利國家路線，導致經濟停止成長，而這就是俗稱的「英國病」。

保守黨黨魁柴契爾在一九七九年重掌政權之後，便毅然決然改採新自由主義路線。

她讓電話、瓦斯、機場、航空業、汽車、自來水這些國營企業陸續轉型為民營企業，也放寬金融限制，改革金融體制，削弱工會勢力，大幅調降所得稅與法人稅，貫徹自由競爭的政策，雖然失業率與通膨因此居高不下，但的確暫時振興了經濟。

柴契爾夫人雖是海耶克的信徒，卻又非常害怕「熊彼得的預言成真」。

曾任倫敦政治經濟學院（The London School of Economics and Political Science，ＬＳＥ）教授的森嶋通夫曾在《柴契爾時代的英國》（サッチャー時代のイギリス）一書中，痛批柴契爾夫人的政策（也就是柴契爾主義）是反熊彼得的政策。

**書籍資訊**

**柴契爾時代的英國**

**森嶋通夫著**

**岩波書店出版（1988 年）**

一如熊彼得將經濟大恐慌形容為「適當的濕度」，森嶋也認為英國病是資本主義再自然不過的結局。此外，就如熊彼得批評凱因斯的修正版資本主義只是讓資本主義苟延殘喘的手法，森嶋也認為柴契爾主義是與資本主義背道而馳的急救措施，完全不符合時代的需求。不顧資本主義已然成熟的現況，一味地煽動毫無秩序的競爭，會讓民營企業與金融機關被私利蒙蔽，不願致力於提升社會價值。柴契爾主義雖然短暫促進了成長，卻不可能促成長期的成長。

同一時期，美國也刮起新自由主義旋風。

一九八一年就任美國總統的隆納・雷根（Ronald Wilson Reagan）曾宣告「凱因斯主義的福利國家」解體，也以「小政府」為口號，徹底放寬金融限制、減稅、削減預算、攻擊工會，這就是俗稱的「雷根經濟學」（Reaganomics）。

儘管雷根經濟學成功降低了通膨，也提高了就業率，但是大幅增加的軍事支出卻壓垮了財政與貿易。這兩個「如同雙胞胎的赤字」，逼得雷根在第二任任期放棄了新自由主義。

綜上所述，不管是英國還是美國，與時代潮流抗衡的「反熊彼得革命」最終都落得虎頭蛇尾。

## 新左翼的崛起

「等等！」我好像聽到有人大喊。「瓦解的是社會主義吧？」

的確，一九八九年柏林圍牆倒塌，一九九一年蘇聯解體，都讓人見證了社會主義的結束。

社會主義是因為三大因素糾結而成的「複雜性骨折」而失敗。

**①國民層次的問題：再怎麼努力工作，薪水也不會上漲，所以不想工作。**

**②企業層次的問題：沒有追求效率的動力。**

**③經濟層次的問題：調整需求與供給的機制未正常運作。**

這些當然都是違背市場原理與競爭原理的結果，也是源自社會主義基礎架構的本質性問題。

但放眼全世界，除了俄羅斯之外，奉行社會主義的國家並不少。比方說，中國或越南在轉型為社會主義國家之後，也採用了市場原理、競爭原理這類資本主義的經濟原理，而這種社會主義可稱為修正版社會主義，與修正版資本主義剛好形成對照組。

如今資本主義國家的年輕人開始出現「左傾」的趨勢，這就是所謂的「左傾世代」。

被視為資本主義殿堂的美國也出現了類似現象，比方說，在二〇一六年總統大選時，民主黨左派的伯尼．桑德斯獲得黨內總統候選人提名的消息便十分值得關注，他的支持者多半都是年輕世代，而桑德斯也自稱民主社會主義者，猛烈抨擊共和黨的新自由主義。

最終，桑德斯於民主黨總統初選輸給希拉蕊．柯林頓（Hillary Clinton），之後希拉蕊又敗給共和黨的唐納．川普，左傾的趨勢才暫時消退。

不過，蓋洛普民調公司於二〇一八年實施的調查指出，在十八歲到二十九歲的美國人之中，有超過半數認同社會主義。**看來這些肩負著未來的年輕人，為了解決貧富差距、貧窮問題、氣候變遷這類猶如高牆的社會課題，開始思考轉型為社會主**

**義的必要性**。

資本主義與社會主義，到底哪個陣營能夠開創未來呢？

## 民主主義會不停左右來回擺盪

前面提過，熊彼得第三主要著作的特徵在於讓視野從經濟模型拓展至政治與社會這點，接下來讓我們一起了解熊彼得對於本著作第三個主題「民主主義」的考察。

在這本著作之中，熊彼得說了一番非常有名的話：

「民主主義國家的首相就像是一名光是握住韁繩就費盡千辛萬苦的騎士，根本無法控制馬匹的去向，也像是一名自以為能指揮千軍萬馬，卻只能在戰場走一步算一步的將軍。」

這真是充滿熊彼得風格的諷刺。要了解這番話的真意，就必須先了解熊彼得的「三段論法」。

**首先最重要的是，民主主義不該被高舉為某種正義感或是價值觀的出發點。**

熊彼得將民主主義定義為「由人民進行的統治」。應該有不少人覺得，這不是理所當然的嗎？

那麼，所謂的人民指的是誰？

所謂的統治，又是指哪些行為？

一旦這個定義夾雜了不知從何而來的正義感或價值觀，內容將變得無限上綱。熊彼得曾透過下列這些內容說明正義感與幸福是不同的價值觀，我們無法決定什麼才是正義感與幸福。

「幸福是以『快樂』這個視角定義的個人幸福，每個人都清楚知道這個目標以及達成這個目標的手段。只有這種幸福才是人生的意義，這也是在私領域或政治領域的最高行動原理。」

「人生或社會最理想的樣貌是一種超越邏輯問題的究極價值觀，沒辦法單以邏輯解釋。」

**第二點，我們必須明白民主主義與「功利主義」（Utilitarianism）一樣，都只是一種達成共識的手段。**

功利主義是十八到十九世紀的思想家傑瑞米．邊沁（Jeremy Bentham）提倡的思想，主旨是「追求最大多數的最大幸福」。熊彼得曾如此說道：

「對於拋棄宗教的知識分子來說，功利主義這種信念等於是宗教的代替品。」

這種功利主義（Pragmatism，又稱實用主義）最終會與享樂主義或是幸福主義合流。這種功利主義似乎散發著最讓熊彼得討厭的靜態學臭味。

此外，以數人頭為準則的民主主義往往是多數霸凌少數，而且連熊彼得也語帶諷刺地說：「平等真的有意義

**傑瑞米．邊沁**
**（1748～1832）**
哲學家、經濟學家、法學家。雖然重視整體社會的幸福是自古以來就有的想法，但是傑瑞米．邊沁將這些想法整理成一套系統完整的功利主義。

嗎？」意思是，平等並不是正確答案。

一如熊彼得所斷定的，只要資本主義是一種規則，就不該塞進莫名其妙的價值觀或正義感。只可惜今時今日的資本主義與全世界標榜的「DEIB」（多元性、公平性、包容性、歸屬感）完全背道而馳，就連DEIB本身也不可能是所謂的正義或是究極的價值觀。我們該做的不是盲目地替民主主義找合理化的藉口，而是要隨著時代進化。

**第三個論點就是指出「民主主義是一種政治手段」。**

「民主只是做出政治決定的制度或手法，會透過收集人民選票這項競爭判定擁有決策權的人。」

上述是熊彼得對民主的解釋。是的，民主主義不過是一種在選出人民代表（也就是政治家）的時候，用來收集選票的遊戲。

假設這個定義正確，那麼如何引起人民的注意力，或是如何煽動人民，就是這個遊戲的本質。**只要人民不太關心政治，這種遊戲就只是在操弄民粹主義（Populism）或是群眾心理**。

「位於權力中樞或是接近權力中樞的人不得不採取短視近利的觀點，因為要想完成遠大的目標，就必須持之以恆地為國家鞠躬盡瘁，但這件事卻難如登天。」

熊彼得認為民主主義也只是治標不治本的方法，並非什麼金科玉律。**換句話說，民主主義之所以會不斷右傾或左傾，就像是資本主義與社會主義之間的循環一樣，都是再自然不過的現象**。於此同時，熊彼得也告誡我們，別把民主主義視為天律，而是要繼續摸索更高層次的政治社會型態。

## 資本主義與社會主義之外的「第三條道路」

到目前為止，許多人都在尋找超越資本主義與社會主義、克服兩者矛盾的模型，而且已經找了超過一百年以上，而這種模型又被稱為「第三條道路」。

比方說，二十世紀初期的奧地利馬克思主義就提倡了「第三條道路」，目標是解決蘇聯共產主義與社會改良主義（Reformism）之間的對立，打造一個全新的模型。雖然這是在奧地利共和國發起的運動，但前面也提過，我們的主角熊彼得始終與這類運動保持距離。

在兩次世界大戰期間，法西斯主義也將「第三條道路」視為萬靈丹，預告超越資本主義與社會主義的模型即將誕生，不過這種模型沒有半點民主主義的色彩。

若要提最近的例子，那就是英國工黨的布萊爾（Tony Blair）政權（一九九七至二〇〇七年）所提倡的「第三條道路」。布萊爾政權所提倡的「第三條道路」雖然是以工黨偏左的思想為主軸，卻採用了部分柴契爾新自由主義的經濟路線。

無獨有偶，美國也出現了與雷根經濟學抗衡的柯林頓

**奧地利馬克思主義**

於二十世紀初期，在奧地利成形的馬克思主義。這種馬克思主義想要創造全新型態的經濟，解決當時錯綜複雜的民族問題，也試著提出獨創的經濟理論、文化論與民族國家論。最終催生出基礎建設應該「社會化」這種值得關注的思想。

經濟學。這是民主黨的柯林頓（Bill Clinton）從雷根經濟學採用了部分新自由主義政策所建立的經濟政策。

在上述的世界潮流之中，特別值得注意的是「新社會民主主義」模型。這些是自一九八〇年代之後，為了與新自由主義新興勢力對抗而誕生的模型，後來也於歐洲各地普及。這是更重視市場機制的左派政權或是保守派與中間派政黨共組的政權所期待的「第三條道路」。

這也是重視自由競爭與市場原理之餘，由政府克服相關弊端的混合型經濟路線，目標是透過重新分配所得的方式，預防與弭平貧富差距。

社會福利完善與徵收高額稅金的福利國家或大政府，與新自由主義可說是站在天平兩端的模型，所以熊彼得也認為，這種模型與資本主義轉型為社會主義之後的模型極為相近。

**目前透過進化型的社會民主主義穩定社會秩序，讓國民在物質與心靈都變得富裕的是北歐各國。**不管是人均GDP、人均所得、人均幸福度還是其他的指標，丹麥、芬蘭、挪威、瑞典、冰島等北歐國家都是全世界前十位的水準。

前面提到的美國民主黨伯尼・桑德斯也提議轉型為北歐模式，正在摸索「新資本主義」的日本也有必要徹底了解北歐這種「新社會民主主義」。

## 「去成長主義」的甜蜜誘惑

還有其他許多強大的模型競相提出，以追求超越資本主義。

其中之一就是「去成長主義」（De-Growthism）。

這種主義的訴求在於**想打造一個福利健全的永續社會，就必須消除「必須不斷成長」這種類似洗腦的概念**。

以這種潮流為背景，將環境與社會共存視為首要任務的企業形象已在歐美得到關注。其中最具代表的例子就是「B型（Benefit）企業」。為了被認證為「B型企業」，股東、員工、社群都必須從事能為環境與社會帶來相等利益的事業活動。雖然認證機構位於美國，但現在已於全世界六十國普及，有三千間以上的公司得到認證。在大型企業方面，戶外服飾品牌 Patagonia、冰淇淋品牌 Ben & Jerry's、優格品牌 Danone 都是其中之一。

以Patagonia為例，該公司的基本理念是「抑制成長」（Control Growth）與「抑制消費」（Consume Less）。**該公司創辦人伊馮・喬伊納德（Yvon Chouinard）曾淡淡地說：「我們對提升每年的業績、擴大公司規模與增加門市沒有興趣。」**伊馮・喬伊納德還自豪地說「就算是上班時間，只要員工想去運動，隨時都可以去，這就是我們公司的文化」。

由於Patagonia未讓股票上市，一直以來都是家族企業，所以才能做想做的事。不管是經營者、員工還是顧客，每個人都深深愛上戶外運動，也持續對地球負責任。與其說這群人像是感情融洽的社團，不如說他們是宗教團體。

現在的日本也很重視「去成長共產主義」或是「穩態社會」這類社會經濟模型。「去成長共產主義」是由意氣風發的馬克思研究學家齋藤幸平所提倡的模型。

**齋藤幸平在《人類世的「資本論」》這本著作之中提到，每個人都應該從市場原理所造成的壓力得到釋放，以及打造重視環保的共通、共享、共鳴型社會。**然而，對熊彼得來說，「共通、共享、共鳴」這類詞彙可能與「民主」或「人民」這類詞彙一樣，都只是不具任何意義的標語。

**「穩態社會」則是指不以經濟成長為目標的社會**，有時也會被形容成零成長經濟。這是由京都大學經濟學家廣井良典提倡的後資本主義模型。在全球都在摸索永續發展的可行性之際，這種模型也被寄予厚望與得到各界關注。

## 「去成長」真的能解決問題嗎？

不過這種看似「烏托邦」的世界觀，真的是能夠開創未來的模型嗎？

當每個人都不思成長，沉浸在與自然融為一體的喜悅之中，許多有待解決的社會問題將無人理會。比方說，烏托邦思想是無法解決貧窮、疾病、糧食不足、高齡化這類社會問題的，當然也無法解決新冠疫情這種禍及全世界的問題。

對於因資本主義而陷入疲弊的現代社會而言，「去成長」的確是很有魅力的選項之一，**但正是在這種時候，我們才不能躲進這種誘惑，更需要面對那些有待解決的問題與開創新未來的「志向」不是嗎？**

如果是提倡從靜態轉型為動態的熊彼得一定會問，我們到底能在去成長主義這類享樂主義或是幸福主義中躲多久？

## 拉開紙門看看吧，外面遼闊得很

這一章透過現代的思維解讀了熊彼得的第三主要著作。接下來讓我們快速地回顧一遍。

熊彼得大膽地預言源自亞當・斯密的資本主義將因為自身的成功而瓦解，也直截了當地批評凱因斯的修正版資本主義只是治標不治本的「氧氣室」療法，只會讓資本主義加速衰退。

同時他也預言，在資本主義落幕之後，社會主義的時代將會降臨。不過，資本主義不是因為馬克思所說的無產階級革命結束，而是因為經濟過度發展而結束，也主張這種社會主義必須是與蘇聯那種獨裁社會主義，或是披著民主主義外皮的民粹主義完全無關的新模型。

**熊彼得就是像這樣將亞當・斯密、馬克思與凱因斯這三位經濟學史上的巨頭當成批判的對象，想出了超越這些人的模型**，而且這個模型的涵蓋範圍不只是經濟，還包含政治、社會與文化。

當我們看到奇觀電影那種壯闊的場景時，就會親身感受拉高視野的重要性，與此同時，我們也不難想像那些以鑽牛角尖為樂的經濟學會，為什麼無法消化熊彼得的偉大思想了。

除了空間之外，連時間的長度也不容小覷。當熊彼得發現經濟是在靜態與動態之間不斷循環，這個發現便成為他的基本歷史觀。

熊彼得透過他的三本主要著作，不斷地拉長時間軸。

第一主要著作是在微觀的時間軸之中觀察打破僵局，讓停滯不前的狀態得以動起來的創造性破壞；第二主要著作則是以十年、三十年、五十年為單位，在宏觀的時間軸之中觀察靜態與動態不斷循環的現象。

至於第三主要著作則是以超過一百年的超長時間軸觀察全世界的波動，熊彼得甚至在這本著作提到「一世紀都還算是短期」。

當我們比照熊彼得的做法，以長鏡頭觀察空間與時間之後，我們會看到怎麼樣的未來？

在資本主義這麼狹隘的框架之中進行思考實驗（Thought Experiment），恐怕不會得到任何結果。若借用我在麥肯錫服務之際，負責指導我的大前研一的話來說，這種思考實驗不過是在「鐵達尼號上面重新排列椅子」而已。

我們是不是差不多該改搭另一艘船了呢？或許光是從船上走到冰山，就能開創全新的未來。

在此，我想到另一句我很喜歡的名言：

**「拉開紙門看看吧，外面遼闊得很。」**

各位讀者知道這是誰的名言嗎？

答案是豐田創辦人豐田佐吉，他也是足以向全世界誇耀的第一位日本企業家。

試著擺脫無法正常運作的資本主義吧，熊彼得正對我們如此呼籲，走出資本主義之外，或許就能看到令人雀躍不已的未來。

chapter ∞

# 如果熊彼得出現在現代

## 當熊彼得蒞臨

總算來到最後一章了。讀到這裡的各位讀者是不是覺得熊彼得就在身邊呢？因此，在這一章中，我們準備了一個特別的安排，那就是請熊彼特親自現身說法。

熊彼得第一次造訪日本的時間是一九三一年。

前面也提過，熊彼得自此深深愛上日本。如果是時空魔術師熊彼得，肯定能跨越將近一世紀的時間，以及被新冠疫情阻隔的空間，突然在日本現身吧。

這不是什麼荒唐無稽的笑話。讓AI模仿歷史人物的思想與行動，再利用VR（Virtual Reality，虛擬實境）播放全息影像的未來，在十年之內肯定會到來。

如今蔚為話題的元宇宙（Metaverse）是與我們日常生活的宇宙（現實宇宙）融合的世界。愛因斯坦（Albert Einstein）、瑪麗蓮・夢露（Marilyn Monroe），以及本書介紹的澀澤榮一或是松下幸之助以立體虛擬化身（Avatar，阿凡達）出現在我們眼前，已不是遙不可及的夢想，我們再也不需要為這些歷史人物製作蠟像。

話說回來，在數位科技尚未進化到這種程度的現在，我想利用類比的仿生科技（Biomimicry）讓熊彼得復活。為了提升真實度，讓我們先預設三個熊彼得登場的場景。這就是請虛擬的熊彼得在這三個場景登台的企畫。

第一個場景是「新資本主義實現會議」。眾所皆知，這是討論岸田文雄政權招牌政策「成長與分配」的場合。不過，這塊招牌有可能很快就會被撤掉，所以要早點請熊彼得登台才行。

第二個場景是經濟同友會。我原本不知道該讓熊彼得在日本經濟同友會還是在日本經濟團體聯合會登台，但最終選擇了似乎還保留一些企業家精神的經濟同友會。雖然這個團體暫時不會消失，但是選擇次世代經營者齊聚一堂的會議，或許會是更好的選擇。

第三個場景是京都先端科學大學。各位讀者聽過這所大學嗎？這是日本電產創辦人永守重信擔任理事長，於二〇一九年四月創校的綜合大學。之後也在創校第三年，也就是二〇二二年四月創立了商學院，我也在這所商學院擔任教授。

這所商學院的招牌講座就是「創業家精神」，也邀請永守會長與迅銷創辦人柳井正上台演講。想必熱愛京都的熊彼得一定會很開心地接受邀請。

## 真正的志向來自人類的光明面

接著就讓我們看看熊彼得在第一個虛擬場景，也就是岸田政權的「新資本主義實現會議」登台的情況吧。

想必熊彼得會像往常一樣，以皮笑肉不笑的表情提出下列的問題：

「各位還在討論怎麼替資本主義續命嗎？各位到底還要執著於資本主義這個落伍的框架多久呢？」

緊接著，熊彼得可能會這麼說：

「資本主義（Capitalism）基本上就是以資金（Capital），也就是以錢為主軸的概念。在人力、物資、金錢這生產三大要素之中，金錢是主要的核心，有錢就能隨心所欲地動員物力與人力，進而獲得更多利潤。

不過，為什麼沒有錢就無法動員物力與人力呢？

金錢的確具有貨幣的流通性，但在熱錢（流動資金）氾濫的現在，金錢不過是找不到投資標的的垃圾，此外，也沒有東西可以替代物資，因為缺乏交換的方式，否則就會回到以物易物的時代。

那麼人力又如何？我要說的與人口買賣無關。如果不把人力當成可買賣的物資，而且可以透過人的想法動員物資或金錢，會得到什麼結果呢？

人類的想法分成欲望（Greed）與志向（Purpose）這兩個面向，或許可將這兩個面向稱為黑暗面與光明面。當欲望的力量太強，我們就無法擺脫二十世紀那種以欲望為出發點的資本主義。

所以說，是不是該試著以志向動員物資或金錢呢？只要我們能開始思考，自己能為了身邊的人或是下一代做些什麼，經濟或社會不就會出現正向的進化嗎？」

我悄悄地在熊彼得的耳邊說：「我們才剛開始將這種想法稱為『志向主義』（Purposism）。」熊彼得聽完之後，歪著頭露出疑惑的表情。

「志向？志向也有兩個面向啊，一個是野心（Ambition），一個是抱負（Aspiration），兩者在本質上完全不同。」

這真不愧是連拉丁語都精通的熊彼得才會有的堅持。Ambition 是由 Ambi（周遭）與 Ire（前往）所組成的單字，有「政治家為了得到選票而巡迴」的意思，也帶有欲望的色彩；反觀Aspiration則是由A（朝著～的方向前進）與Spire（呼吸、靈魂）組成的單字，意思是「心的方向」。

確實，與其以「志向」（Purpose）作為行動準則，我們更該以「抱負」（Aspiration）作為行動準則，所以志向主義應該稱為Aspirationalism才對。

## 政府能做什麼？

正當我如此喃喃自語時，熊彼得提出了下列的建議：

「與其死命抓住無法正常運作的資本主義，不如開始思考『新社會主義』才對吧？」

來現場開會的政府相關人士個個露出不可思議的表情。滿腦子只有資本主義的他們突然聽到社會主義這幾個字，腦筋確實是轉不過來沒錯，而且現在還是全世界因為俄烏戰爭陷入動盪的節骨眼。

「社會主義既可以是獨裁，也可以是民主。」

熊彼得一臉若無其事地繼續說下去。

「比方說，社會民主主義就很適合當成資本主義結束之後的模型討論。不過，這個模型要能正常運作，必須滿足兩個條件。**第一個條件是，政治家或官員是否有能力構思百年之後的理想社會。另一個條件是，人民是否具有洞察未來的智慧**。只要這兩個條件不成立，社會主義就會淪為以幸福為名的享樂主義，民主主義也會淪為以功利掛帥的民粹主義。比方說，在第一次世界大戰結束之後，奧地利共和國就曾企圖轉型為社會民主主義，我也在這個政府擔任了七個月左右的財政大臣。可惜的是，前述的兩個條件未能滿足，轉型也跟著失敗。」

聽到這裡，現場某位內心焦急如焚的日本人這麼說：

「很遺憾，現在的日本不管是哪個條件都不滿足，所以才只能想辦法替資本主義續命。我們最大的困擾在於教授您所提出的創造性破壞與新組合，也就是資本主義的本質，根本在日本銷聲匿跡，我們日本人還自嘲這種現象為『失落的三十年』。我們到底該怎麼做才能擺脫低潮啊？」

熊彼得先是嘴角微微上揚，然後整理了一下儀容。

「**能發動創新的是民營企業與人民的內在力量**。各位再怎麼盡心盡力，也無法催生創新。如果真想透過政府的力量做什麼，要不要乾脆請凱因斯代替我演講？只不過，凱因斯那種打激素續命的方法，反而會掐死源自內在的創新。」

每位與會成員都露出一副等待救援的表情，盯著準備離席的熊彼得。為了斬斷他們的視線，熊彼得最後丟下這段話：

「聽好，若想要持續成長，與創新八竿子打不著關係的政治家或官僚，最好不要動什麼歪腦筋。成長與分配？如果真能順利成長與分配，景氣就會自行循環了對吧？所以企業才需要具備摸索資本主義結局的智慧，人民才需要透過教育，得以想像社會主義之後的世界。不管是企業需要的智慧，還是人民需要的教育，日本在這兩個方面不是都擁有漫長的歷史，也有不少累積了嗎？你們這些政府相關人士應該試著更相信企業與人民吧？」

「對了，我就為大家提個建議吧。**你們能做的事情大概就是讓人民願意投資無形資產**，好讓沉睡在漫長歷史之中的力量釋放。比方說，**從根本檢討稅制，撤除保護既得利益者的規範，強化回流教育（Recurrent），能做的事情應該還有很多才對。**」

「話說回來，」停下腳步的熊彼得回頭如此說道：「各位政治家只顧著騙選票、官僚只想著保護各縣市或國家的利益，實在很難讓人期待。如果沒辦法讓自己成為創造性破壞的主角，那麼不管提出什麼口號，最終都只是某種『政策漂白』而已。」

眾所皆知，熊彼得生前就很討厭所謂的政策，看來即使已經離世這麼久，討厭政策的脾氣還是沒能改掉啊。

## 空談幸福是無法持續發展的

我與熊彼得走出首相官邸之後，便快步前往丸之內[16]。為的是出席經濟同友會的創新戰略委員會。

「我們正在構思 Society 5.0，請教授務必賜教。」會議一開始，委員長就直奔主題。

「所謂的 Society 5.0 是怎麼樣的社會？」熊彼得先提出了這個問題。

16 丸之內位於東京的中心地帶，也是東京最大的商務區。

委員長回答「是充滿福利的社會」。

「這還真是充滿社會主義色彩的目標啊，而且還真是靜態，讓人完全感受不到任何動能。若要多點動態感的話，說成『無止境的夢想』（Better Becoming）如何？如此一來，應該就會浮現許多無限進化的想像。話說回來，日語中是如何說『Well-Being』的呢？」

「我們要打造的是讓所有人都『幸福』的社會，」這次輪到副委員長開口。「這也是符合社會主義的社會吧？」

「我不是要說社會主義的壞話，不過，背棄成長，打造穩態社會的思想正是社會主義，所以我的意思是，以幸福為口號的社會沒有持續發展的未來。」在說完這番話之後，熊彼得像是機關槍發射般，不斷地提出問題。

「再者，所謂的『所有人』，具體來說都是哪些人？幸福的定義又是什麼？又是由誰定義幸福？又該如何測量幸福？這裡不是一堆經營者參加的聚會嗎？無法測量的目標能當成經營指標嗎？」

「這部分由每間企業根據自家公司的志向設定不就好了？」

某位經營者突然打斷熊彼得的提問。

這位經營者被稱為「志向大叔」。

「喔～這裡提到了志向啊，這志向還真像是某種傳染病對吧。志向固然重要，但只有志向的話，一切將淪為空談吧？」

「如果不希望志向淪為空談，就必須觸發創新，所以大家才會尋求教授的建議。」重整情緒的委員長將討論拉回主題。

## 缺乏創新，是經營者的問題

「聽好，現在似乎很流行SDGs或是ESG這些關鍵字，但為了成為社會的一部分，任何東西都需要創新。創新意味著創造性破壞，大家真的都有這種覺悟嗎？」

熊彼得說完這番話之後，某位自稱「左右開弓」的大叔一臉得意地如此回答：

「能創造現金流的事業不僅應該保留，更要深耕，而且我也開始摸索不同面向的創新，後者當然屬於創造性破壞的領域。」

「這種輕率的態度絕不可能讓新事業擴大規模。」熊彼得直截了當地如此批評。

「只有事業真的擴大規模才算得上是創新。當企業離開了本業，就與新創企業沒有兩樣。現存企業的強悍之處在於本業，所以必須在本業發動創造性破壞。」

此時被稱為「開放大叔」的經營者迫不及待地發表意見：

「能否讓自己的強處與其他公司的強處結合的確是關鍵，這才是教授提倡的『新組合』對吧？」

「說得沒錯，不過各位覺得，接下來會出現什麼大規模的事業嗎？」

「還請教授如此期待，各企業正在開放式創新中心進行相關的研究。」

「開放式創新？這種草率的概念絕不可能觸發創新。」熊彼得又斬釘截鐵地如此說道。

「要觸發新組合這種化學反應，讓事業放大規模，相關人士必須相信彼此與奉獻自己。所以**需要的不是開放式關係，而是封閉式關係，否則將無法推動創新**。」

「不過，若非異質的相關性，不就無法催生新組合嗎？所以公司也必須是能夠接受異質關係的文化對吧？為了推動創新，我們已經試著在企業內部實踐多元性。」

這次是「多元性大嬸」的發言。

熊彼得不假思索地立刻反問：

「多元性？放眼望去，這個經營者的聚會只是一堆白髮蒼蒼的日本男性而已。你或許是為數不多的女性之一，但一樣是日本人，也不年輕了。而且回到你們各自的企業之後，有年輕員工、女性員工或是外國員工嗎？如果只是算人頭的話，你們公司應該已經符合所謂的多元性，但當務之急是讓這些多元人才進入經營中樞，在主業的核心進行創造性破壞。」

「……」

「因為缺乏多元性所以無法創新根本只是藉口。重要的不是『多元性』而是『包容性』，」熊彼得又繼續這麼說。

「**只有組成成員各具才能的團隊才有望觸發新組合**。如果組織缺乏包容力，就無法延攬這些才能各異的成員，就算真的找到這些成員，也無法讓他們一展身手。要想創新，必須以包容性為優先，而不是以多元性為優先。」

## 經營者的任務是培養能推動創造性破壞的人

「容我說得直白一些，各位差不多該放棄那些膚淺的經營手法，或是替衰退找藉口了吧？我在剛剛的問答之後，已經看出問題的本質了。」

「真、真的嗎？」不禁探出身體的委員長如此問道。

熊彼得用雙手的拇指與食指圍出一個四角形，接著從這個四角形望向在座的經營者。

「答案就是這個啊，鏡子。大家懂了嗎？」熊彼得露出一臉賊笑。

「你們應該看到自己的臉了吧？罪魁禍首就是你們自己。」

看著目瞪口呆的經營者們，熊彼得繼續說道：

「負責推動創新的角色有兩個，其中一個是企業家。**這裡是否有不隨波逐流，堅持自己的主觀正義，並予以實踐的企業家呢？**」

在場的經營者不禁抬頭環顧四周。

「**另一個角色是銀行家，也就是相信企業家真的能夠創新，創造未來的價值，為企業家創造信用的角色**。在座似乎也有金融界的代表，但現場真的有甘冒風險，也要投資這種未來的真銀行家嗎？」

整個會場陷入一片靜默。

「我所看過的創新者既是自行發動創新的企業家也是銀行家。這些創新者就像是英雄或是女中豪傑。不過，當資本主義與企業活動變得越來越複雜，許多經營者都淪為經營管理者。這就是資本主義衰退的主因，而且這個情況不只在日本發生。」

此時議長問道：「在如此進化與複雜的現代，經營者該在創新中扮演何種角色？」

「不要想著自己成為創新者，而是要盡量培養次世代的企業家與銀行家。」熊彼得如此回答。

沒想到「創投大叔」立刻插嘴地說：「所以金融機構要進行創投，公司要進行企業創投囉？」

「這麼說，創投或企業創投推動了創造性破壞，還是催生了宛如第二次創業般規模宏偉的創新了嗎？所謂的創投不過是垃圾山，而這也是一種『自以為正在創新的病』。差不多是時候停止假造不在場證明了吧？」熊彼得如此告誡。

「聽好，**要更認真培養能在本業進行創造性破壞的人才。第一步要毫不保留地投入自家公司的經營資源**。此外，為了避免自家公司的資源不足，限制了創新的可能性，要試著將其他公司的創新人才捲入創新運動之中。各位必須創造有如漩渦捲動的能量聖地。經營者不需要是創新者，但必須是讓創新者有機會大展身手與改造公司的改革者。」

「這要求真是太嚴苛了。」委員長如此說。

「如果沒有自信的話，早早把經營者的寶座讓給次世代的人才或是外部人才如何？這是你唯一能做的事啊。你能讓自己進行創造性破壞嗎？這可是Change or Die的問題。」

熊彼得輕輕地眨了眨眼之後掉頭就走，整個會場卻還在議論紛紛。接下來，熊彼得準備拜訪久違的京都。

## 現在正是五十年一遇的絕佳機會

熊彼得那看似虛無飄渺的言論在東京炸開。要是能有更多聽眾發現，他那貌似批判的英式修辭學之中，蘊藏著真正有用的建議那就好了。

熊彼得在來到期待以久的京都之後，白天在禪寺冥想了一段時間，晚上也大啖美味的京都料理，整個人因此變得非常愉快。於是我們便往第三個演講會場出發。

這個演講會場是位於太秦的京都先端科學大學。我邀請熊彼得在這個創立不久的商學院，作為由我主講的「企業家精神」講座的特別來賓。除了商學院的學生之外，今天特別開放其他學系的學生聽講，有不少中國、韓國、印度、菲律賓、越南、烏克蘭，以及其他外國學生紛紛進來會場。

「大家真的遇上了特別幸運的時代啊！Welcome To Bright Future！」

高舉雙手的熊彼得如此大喊。

熊彼得在看到這些未來可期的企業家之後，心情似乎非常高亢。這讓我不禁想起他在哈佛大學任教時，特別享受與學生對談的小故事。

「如今，資本主義將要迎來末日的悲觀主義正於全世界蔓延，不過我要告訴各位，不需要執著於傳統的資本主義。距離工業革命揭開資本主義時代的序幕已將近三個世紀，在這段期間，創新巨浪每五十年襲來一次。這就是我命名為康德拉季耶夫周期的現象。最近一波創新巨浪就是一九九〇年代發生的網路革命。雖然這場網路革命看似隨著泡沫經濟瓦解而退燒，實際上卻是從此時開始茁長，接著由GAFA建立的巨大網路帝國便隨之誕生。另一方面，個人資訊都被這些企業或國家所利用，由外部控制的『監視資本主義』的威脅也一步步成為現實。不過，」熊彼得在此話鋒一轉。

「GAFA帝國會在十年之內瓦解吧。」

蛤?GAFA也撐不過十年?在場的所有學生都驚訝得說不出話。

「這是因為要維持巨大企業必需的規模經濟,會導致社會、顧客以及員工遠離應有的面貌。就連日本也是一樣,那些在戰後急速成長的企業在稱霸全世界之後,不到十年就像失速的飛機墜落了不是嗎?」

學生們同感地點了點頭。

「**下一波創新巨浪應該會在十到二十年之後出現。**所以說,要等到那時候嗎?怎麼可能,現在就要搶先一步,大膽投資與開發,時間可是不等人的啊。」

## 未來創新的核心在於資產、永續發展與無形價值

「話說回來,大家覺得下一波創新的核心技術會是什麼?是數位技術嗎?還是生物科技?我想都不是。

因為數位科技或是生物科技這類最先進的技術,總有一天會變成每個人都能使用的商品,反觀類比技術以及非生物科技更有可能物以稀為貴。

如果數位技術與類比世界脫節，便無法推動現實社會。其實我們不太了解生物與非生物之間的關係，比方說，病毒的生態以及生物如何從無生物誕生，還有太多待解之謎。**如今正需要觀察這類事物如何發展的能力**。

我年輕的時候（說是這麼說，也已經是一百年之前了），到處都在說接下來是石油與化學的時代，如今還真的有恍如隔世的感覺啊。」

雖然現在很流行「數據是二十一世紀的石油」這句話，但數據總有一天會像過去的石油一樣被時代淘汰。說到這裡，學生們似乎聽得莫名認同。

「事業的關鍵是『資產』對吧？但與過去的資本主義的不同之處在於，資產的內容大不相同。

雖然下一波的創新是以類比或是非生物素材為核心，但真正產生價值的不是物質也不是金錢這類有形資產。**最重要的關鍵在於智慧、技能、創造市場的能力以及擴大市場，創造利益的事業開發力**。這些都是無形資產孕育的力量。」

截至目前為止，都屬於熊彼得理論的應用。對於讀到這裡的讀者來說，應該不算太難才對。熊彼得又繼續說。

「另一個絕對不能忘記的重點就是實現永續發展的創新。

如今全世界正在尋找轉型為GX（Green Transformation，綠色轉型），也就是轉型為『綠色』世界的方法。這個概念一開始是由Monitor Deloitte公司所提倡，但在這之後，我們還需要思考的是BX，也就是『藍色』（Blue）的世界，即如何保護這種生態環境。

所謂的藍色就是海洋、天空與水。日本是全世界領海第六大的海洋國家，源自日本的創新也讓人寄予厚望。」

## 高齡化議題是最佳的成長機會

「除此之外，日本是全世界最先進入高齡化社會的國家，也被戲稱為社會問題先驅國家。正所謂危機就是轉機，在遇到危機時，若能反過來克服危機，有時反而會因此大幅成長。

社會問題往往是因為無法盈利才被忽視，所以要解決社會問題就需要創新。如今正是需要各位貢獻自己的智慧，讓這些智慧透過新組合的方式解決社會問題的時代。」

一口氣滔滔不絕地說了長篇大論的熊彼得不知道是不是太過熱血，氣色居然比平常來得黯淡一點。

想到這裡，我突然想起熊彼得在紐約舉辦大型演講之後，突然因為動脈硬化而猝死的往事，於是急急忙忙地為台上的熊彼得遞了一杯水。

## 主動創造新的市場和價值

熊彼得稍微喘了口氣之後，又繼續與學生交流。

「接著要跟各位聊聊『三種 Out』。」

「第一種是，」熊彼得用右手食指比出了一。

「Market Out。大家聽過這個詞嗎？」

Product Out 或是 Market In 倒是聽過，Market Out？學生們露出一臉狐疑的表情。不過，讀到這裡的讀者應該已經知道 Market Out 的意思，接下來就當作複習，聽聽熊彼得接著要說什麼吧。

「除了解決檯面上的問題之外，大家是不是也想試著打造前所未有的世界呢？

從 Product Out 轉型為 Market In 的說法似乎在行銷的領域很流行。所謂的 Market 就是傾聽顧客意見的態度，**但真正的創新是無法從顧客口中問到的**，因為顧客無法形容自己未曾想像的世界。」

「這跟史蒂夫．賈伯斯說的一樣耶，」學生們紛紛點頭認同。

**「行銷的本質不在於迎合市場或奉承顧客，而是要創造市場與顧客。**換言之，重點不在於 Market In，而是 Market Out。

話說回來，如果這一切停留在生產端的幻想，當然就只是眾所周知的 Product Out。所謂的 Market Out 需要向未來的顧客提出新價值，與這些顧客一起共創市場。

這不是凱因斯那種人為創造需求的概念，也不是海耶克或傅利曼那種企業之間的自由競爭主義。

簡單來說，這是需求（社會）與供給（企業）透過『新組合』共同推動動態經濟進化的過程。」

學生們倏然探出身體。因為他們覺得熊彼得口中的需求與供給的新組合以及社會與企業的新組合，似乎是通往未來的鑰匙。

「如果真有所謂的『新資本主義』，就需要這種典範轉移。不過，負責促成典範轉移的必須是民間，而不是政府，而且就與社會共創的層面來看，將這種新資本主義命名為『新社會主義』，或許才能與傳統的修正版資本主義劃分清楚。」

熊彼得瞄了一下這群貌似左派世代的學生用力點頭的模樣之後，便接著繼續說。

「這不是年輕世代開始嚮往的『去成長共產主義』，因為背棄成長，無法提出新冠疫情或資源缺乏這類問題的解方。**希望在座的各位都能與顧客或社會一同打造次世代的創新模型。**」

## 擴大規模更重要

「第二種 Out 是 Scale Out。」

部分擅長電腦的學生聽到這個字眼之後，便一臉訝異地問：「應該是 Scale Up 吧？」

「所謂的 Scale Up 是提升伺服器規格，強化處理能力的意思對吧？但 Scale Out 卻是增加伺服器的數量，透過分散處理提升系統處理能力或實用性的意思。

在來到這個企業家精神講座的各位之中，應該有不少人想要創業對吧？應該也有人想要在企業內部創業（Corporate Entrepreneur），請大家務必珍惜這些想法。唯獨有件事情，希望大家不要忘記。各位知道是什麼事情嗎？」

在場的學生面面相覷。比較敏銳的學生立刻呼應：「是要讓事業 Scale Out 對吧？」

「完全正確。**目標不是0到1，而是1到10，以及10到100**。0到1的事業與垃圾沒兩樣。真要創新，擴大規模是最大的難關。」

說出正確答案的學生一臉得意的樣子。

「為了擴大規模，能讓多少人共襄盛舉是關鍵。如果都只是小型的新創公司聯手，是無法擴張事業規模的。最大的合夥企業是自家公司與周邊的大企業。」

台下的每位聽眾都聽得說不出話來，臉上彷彿寫著「這部分就饒了我們吧」。

「大家是不是覺得，現存的企業會是扯創新後腿的腳鐐呢？交由他們決定一切，肯定無法創新。」

學生們紛紛用力點頭認同。熊彼得又接著說。

「我們該做的是徹底利用他們，而不是讓他們決定一切。**這些現存的企業擁**

**有顧客、品牌、人才、技術以及其他創新所需的無形資產**。如果我們能隨心所欲地使用這些猶如寶藏的無形資產，就能打造充滿群聚效應（Critical Mass）的市場，Scale Out 的成功機率也將大幅上升。對於現存企業而言，既能讓資產新陳代謝，又能第二次創業，這對我們與現存的企業而言，都是雙贏的局面。」

## 長期思維的重要性

「第三個 Out 是 Zoom Out。

這個單字原本是拉遠相機鏡頭的意思，讓相機鏡頭拉近，應該就能看得更清楚。現在已是不斷變化才是常態的時代，眼前的環境總是不斷地產生變化。如果不完全投入於當下，瞬間就會被淘汰。不過，若只是隨著眼前的一切漂流，恐怕光是要活下來就已經耗盡精力。要想創新，就必須將視線聚焦在三十年、五十年之後，而這就是 Zoom Out 的思維。」

「可是該怎麼做才能預測這麼多年之後的未來呢？」台下的學生一臉不安地等著熊彼得繼續說。

「未來是無法預測的，所以也不需要預測。**換句話說，各位只要盡力描繪心中想要的未來即可**。不是『理想的未來』而是『想要的未來』。如何，心情是不是比較輕鬆了？」

「如果天馬行空的想法也可以，那似乎有點機會。」學生們的表情似乎沒那麼凝重了。

「一直以來，日本企業都以中期計畫為羅盤，但在進入VUCA的時代之後，不太可能預測三年後、五年後的世界，所以我們要懂得隨時切換超短期與超長期的觀點，也就是要懂得視情況使用Zoom In與Zoom Out的觀點。」

「我們公司總是浪費時間與精力製作中期計畫，但明明一點用也沒有。」有好幾位觀眾的表情透露了他們內心的想法。

「聽說現在是人生一百年的時代對吧？就算是銀髮族，未來也還很漫長。各位也還有七十年到八十年得活，希望Zoom Out的思考模式能成為各位的人生羅盤。」

## 創新必備志向、努力與熱情

「哎呀，時間超過很多了耶，」熊彼得看了看時鐘。

「最後就在這『三種 Out』之後，聊聊『三種 In』吧。

其實 Innovation（創新）這個單字是由 In（內側）與 Novate（更新）所組成，也就是由內而外的新機制。從單字的組成就能知道創新是由內而外的行為。」

「原來是這樣啊，我們一直都以為創新來自環境的變化，沒想到是來自內在啊。」學生一臉得到啟發的表情。

熊彼得接著說：「創新需要三種 In。

**第一種是 Inner Call，也就是內在聲音**。意思是從內心湧現的想法。這與日文的『志向』是同一個意思。大家的志向是什麼呢？志向應該是創新的起點，而且也是終點。

**第二種是 Invest，也就是投資**，但投資的不是金錢，而是時間與努力。要讓自己的想法成真，就必須拚命磨練能力。**不夠努力，志向就不會實現**。

**第三種是 Inspire**。這是由 In（內在）與 Spire（呼吸、思想）所組成的單字，意味著將思想灌注進去。**我們必須自己點燃熱情**，然後再讓這股熱情往外渲染。只有這股熱情才能化不可能為可能。

以上就是今天想要說的內容，各位扛起下個世代的年輕人覺得如何呢？」

所有聽眾站了起來，不斷地鼓掌，簡直就是所謂的「Standing Ovation」（起立鼓掌歡呼行為）。

京都先端科學大學的永守重信理事長跑到講台上，給熊彼得一個擁抱，然後接過麥克風，感慨萬千地開始發表感想。

「真的非常感謝熊彼得教授的分享，我對最後的『三種In』也深有同感。我將『想法＋熱情＋能力』稱為『永守流的成功方程式』。如果將這個方程式譯成英文，順序可能有些不一樣，但完全與剛剛的三種In吻合，我也覺得熊彼得教授口中的創新即將從京都普及到全世界。

各位聽講的學生務必牢記熊彼得教授今天的分享。能開創未來的正是你們自己！」

## 如今正是需要企業家的時代

大家覺得這場真實的元宇宙之旅如何？應該全盤了解熊彼得的想法了吧？是不是有種熊彼得代替我們說出心裡話的感覺呢？我原本是打算假扮熊彼得，來場仿生技術大秀，但還是不小心露出馬腳了吧。不過，如果熊彼得不小心闖入了現代，肯定會說出類似的話才對。

說不定某些認真務實的企業家會氣得跳腳，那些分析熊彼得經濟學史的專家與學者在看了前述的內容之後，或許會氣得昏倒。

倘若真是如此，我先在這裡說聲抱歉。不過，這本書從一開始就不是為了如實地分析熊彼得的思想所寫，而是想讓熊彼得這位孤高的思想家在現代復活。

這一切都是因為傳統型的資本主義就如熊彼得在八十年前的預言一樣，「正在走向末路」，而且**現代也非常需要次世代創新與企業家精神**。

## 心靈上的年輕，與年齡無關

如果是熊彼得，肯定會覺得「新資本主義」被當成政策這件事不切實際，甚至還會感受到危機，因為**不管是馬克思、凱因斯還是海耶克，一旦將這類主義當成政策執行，這類主義就會走調與失控**。話說回來，如果政府或是官僚懂得居安思危，將眼光放在一百年之後的世界，那結果當然會不一樣。

熊彼得應該也會對現代的經營者非常嚴格才對，因為不管男女，這些經營者都如熊彼得所預測的一樣，喪失了企業家精神，看起來就像是一群經營管理者而已。

所以，熊彼得肯定也對「我們必須自行創新」的想法有共鳴，不過他肯定會把左右開弓的經營模式、開放式創新、創投基金這類前陣子在美國流行的經營手法，視為資本主義的末期症狀。

熊彼得將一切寄望在年輕世代身上。站在京都的商學院學生與大學學生面前時，熊彼得本身似乎也重返青春。**年輕與心智有關，與年齡無關**。

大家是否去過位於京都的真真庵？這是足以代表日本的企業家松下幸之助在晚年建造的別墅。一走進這座別墅，借景京都東山的庭院便隨即映入眼簾。順著樓梯往下走進庭院，穿過布滿青苔的樹木，就會看到一間小茶室。松下幸之助每天會在這間茶室喝五、六次茶與想事情。

年屆七十的幸之助從夢幻詩人塞繆爾．烏爾曼於七十幾歲所寫的詩〈青春〉（*Youth*）得到靈感之後，寫下了下面這番座右銘。

「青春是一顆年輕的心，
只要滿懷希望與信念，
每一天都充滿勇氣，
持續不斷地進行新活動，
青春就永遠屬於你。」

熊彼得口中的創新也是年輕人的特權。資本主義正隨著年齡慢慢衰退，不過，只要能長保內心年輕，就能打破資本主義的障礙，發動創造性破壞。

這段與熊彼得同行的短暫之旅也走到了終點。不過，各位邁向創新的無盡之旅，將會在闔上這本書之後開始。

結語

# 願創造性破壞能如雨後春筍般叢生

在過去的人生之中，我曾遇見熊彼得三次。

第一次是還在東大法學部念書的學生時代。距今已將近半個世紀。當時的我進入已故政治學家篠原一教授的研討會，進一步思考民主主義的未來。也從提倡知識社會學的卡爾．曼海姆（Karl Mannheim）的角度，解讀奧特加（José Ortegay Gasset）《大眾的反叛》（*The Revolt of the Masses*）、弗洛姆（Erich Fromm）《逃避自由》（*Escape From Freedom*）、海耶克《通向奴役之路》（*The*

*Road to Serfdom*）的思想，也是在這個過程之中，遇見熊彼得的《資本主義、社會主義與民主》。這本書是熊彼得的第三主要著作。

換句話說，與熊彼得相遇之後，讓我將重心從經濟的進化轉移到社會的進化。

第二次相遇是在哈佛商學院念二年級的時候，哈佛也是熊彼得生前長期任教的學校。

我在已故教授理查・羅森布魯姆教授（Richard M. Rosenbloom）與潘凱・格馬瓦特（Pankaj Ghemawat，現為紐約大學史登商學院教授）的指導之下研究創新，也是在當時遇見了熊彼得的《經濟發展理論》。本書也是熊彼得的第一主要著作。

不過，憑良心講，這本書實在太過艱澀，我讀到一半就放棄，不假思索地改讀由理查・佛斯特所寫的暢銷書籍《創新——突破極限的經營戰略》。本書也稍微提過這本著作的前瞻性與實用性。

之後我便毅然決然地從服務了十年的三菱商事，跳槽到佛斯特與大前前輩服務的麥肯錫。在麥肯錫服務了一段時間之後，我成為「創新知識集團」的全球領袖之一。我在麥肯錫服務的時候，大部分的客戶服務都是事業開發、成長戰略、企業改革這類主題，而這些主題的關鍵都是創新。

與熊彼得的第三次相遇就是這次。二〇二二年四月，我成為京都先端科學大學商學院的教授，負責企業家精神與創新的課程。上課方式仿照了哈佛大學個案研究的方式，但為了設計課程的主要架構，我才有機會重新細讀熊彼得的著作。

說巧不巧，日經BP出版社的中野亞海小姐也在此時問我，「要不要寫一本有關熊彼得的書呢？」說這是命運的安排會不會太誇張呢？本書從企畫到完成，都受到中野小姐多方照顧，謹借此版面，由衷向她獻上感謝。

重新閱讀熊彼得的著作之後，我再次認知到熊彼得的著作有多麼艱澀難讀。雖然文體說理通暢，但處處夾雜精彩絕倫的暗喻與反諷，要從這些字裡行間汲取熊彼得的想法，非得深入細讀不可。更何況熊彼得的思想完全跨出了狹隘的經濟學，往哲學、歷史學、政治學、社會學、心理學的領域延伸，進入了無垠的博雅教育的宇宙之中，而且他還是敢說出「一世紀都還算是短期」這句話的人。

他那仰之彌高、鑽之彌堅、深不見底的學問，絕非一般的專家或是實踐家所能應對。難怪熊彼得一直被認為是位孤高的思想家。

話說回來，自一九一二年推出第一主要著作已經超過一個世紀了，我們也差不多能夠了解熊彼得那宛如來自異星的想法了吧。

在我細讀熊彼得的主要著作之後，我總算發現創新的本質以及資本主義的結局，不過，每個人對於這些內容的解釋都不同。本書介紹了由我替熊彼得詮釋的思想，各位應該也已經體會到這些思想的精髓了。

各位覺得，在熊彼得留下的口信之中，最重要的訊息是什麼呢？是不要耽溺於安逸之中嗎？還是不要囿於常識？還是有低谷就有高峰？抑或鳥之眼、蟲之眼與魚之眼？一時間會想到許多訊息對吧？

要我選的話，我會選擇「創新是由內而外的行為」。對於創新而言，氣候變遷、國際紛爭這類日漸嚴峻的外部環境不過是單一事件。被現代經營者掛在嘴邊的VUCA也不是無法創新的藉口，因為不斷變化的大環境不僅不是制約，還是發動創新的大好機會。

主角正是我們每個人。你想打造什麼樣的社會？想創造什麼樣的社會價值？只有從內部不斷湧現的「志向」才是動態進化的原動力。

我們都知道，只有志向是不足以開拓未來的。除了高舉志向之外，還得發動打破靜態均衡的創造性破壞。此外，模仿創投企業的所作所為，或是想在主業之外另闢蹊徑的「左右開弓的經營方式」，都無法催生規模浩大的創新。創新所需的是從根本改造主業，加速主業新陳代謝的智慧與勇氣。

日本政府似乎正在摸索「新資本主義」，但我很擔心此舉會與之前的政策一樣失控。見樹不見林的智慧無法催生突破僵局的「新組合」。回頭了解熊彼得那領先時代的思想，不就能學到更多東西嗎？

本書是為了一心想要開創未來的各位讀者所寫。

不知道熊彼得這位未來人的思想是否透過我這個節點，送入各位的心坎之中了呢？

但願熊彼得那真切的思想能與每位讀者的想法進行新組合，讓創造性破壞如雨後春筍般叢生。

FUTURE 019

# 一本讀懂熊彼得

## 賈伯斯、馬斯克、松下幸之助皆追隨奉行的創新之父

---

作　　者　名和高司Nawa Takashi
譯　　者　許郁文
總 編 輯　李珮綺
責任編輯　吳昕儒
封面設計　FE設計
內文排版　FE設計
校　　對　呂佳真、李志威、李珮綺

業務經理　林苡蓁
企畫副理　朱安棋
行銷企畫　江品潔
印　　務　詹夏深

發 行 人　梁永煌
社　　長　謝春滿

出 版 者　今周刊出版社股份有限公司
地　　址　台北市中山區南京東路一段96號8樓
電　　話　886-2-2581-6196
傳　　真　886-2-2531-6438
讀者專線　886-2-2581-6196轉1
劃撥帳號　19865054
戶　　名　今周刊出版社股份有限公司
網　　址　http://www.businesstoday.com.tw

總 經 銷　大和書報股份有限公司
製版印刷　緯峰印刷股份有限公司
初版一刷　2024年6月
定　　價　460元

SHIHON SHUGI NO SAKI WO YOGEN SHITA SHIJO SAIKO NO KEIZAI GAKUSHA SCHUMPETER written by Takashi Nawa

國家圖書館出版品預行編目(CIP)資料

一本讀懂熊彼得：賈伯斯、馬斯克、松下幸之助皆追隨奉行的創新之父 / 名和高司著；許郁文譯. -- 初版. -- 臺北市：今周刊出版社股份有限公司, 2024.06
面； 公分. -- (Future ; 19)
譯自：資本主義の先を予言した史上最高の経済学者 シュンペーター
ISBN 978-626-7266-76-2(平裝)

1.CST: 熊彼得(Schumpeter, Joseph Alois, 1883-1950) 2.CST: 經濟思想 3.CST: 商業管理

550.1872 113005990